Le voyage du Couronnement

DU MÊME AUTEUR

La Contre-nature de Chrysippe Tanguay, écologiste, Leméac, 1984.

La Poupée de Pélopia, Leméac, 1985.

Du haut de ses vingt ans, collectif 20 ans, VLB Éditeur, 1985.

Rock pour un faux bourdon, Leméac, 1987.

Les Feluettes ou La Répétition d'un drame romantique, Leméac, 1987.

Cahier sur l'écriture dramatique, Théâtre-Action, 1989.

Les Muses orphelines, Leméac, 1989.

L'Histoire de l'oie, Leméac, 1991.

Les Grandes Chaleurs, Leméac, 1993.

MICHEL MARC BOUCHARD

Le voyage du Couronnement

LEMÉAC

Données de catalogage avant publication (Canada)

Bouchar, Michel Marc, 1958-
   Le voyage du Couronnement
    ISBN 2-7609-0359-1
    I. Titre.
PS8553.07745V69 1995   C842'.54   C95-941545-9
PS9553.07745V69 1995
PQ3919.2.B68V69 1995

Photo de la couverture : Pierre Guimond

ISBN 2-7609-0359-1

© Copyright Ottawa 1995 par Leméac Éditeur inc.
1124, rue Marie-Anne Est, Montréal, Québec, H2J 2B7
Dépôt légal – Bibliothèque nationale du Québec, 4ᵉ trimestre 1995

Imprimé au Canada

MICHEL MARC BOUCHARD

Né en 1958 au Lac–Saint-Jean, il écrit et monte ses premiers textes au collège de Matane où il étudie en tourisme. Il fait ensuite un baccalauréat en théâtre à l'Université d'Ottawa.

Ses œuvres ont été jouées dans les plus prestigieux théâtres québécois (le Théâtre d'Aujourd'hui, le Théâtre du Nouveau-Monde et le Théâtre du Trident) et canadiens (le Centre National des Arts d'Ottawa, le Passe-Muraille de Toronto, le Arts Club de Vancouver et le Belfry de Victoria).

Traduites en plusieurs langues, ses pièces ont été présentées entre autres à New York, Paris, Londres, Rome, Drachten, Montévidéo, Melbourne et dans les plus importants festivals internationaux dont celui des Francophonies de Limoges, des RITEJ de Lyon, du LIFT de Londres, du MAYFEST de Glasgow, d'Intercity de Florence, du Grand CIUADAD de Mexico et du THEATER DEL WELT de Munich. En 1992, deux de ses œuvres inauguraient le premier Carrefour international de théâtre de Québec.

Le réalisateur canadien-anglais John Greyson vient de porter au grand écran l'adaptation cinématographique de la pièce *Les Feluettes* sous le titre *Lilies*.

Michel Marc Bouchard a reçu de nombreux prix, notamment le prix du Centre national des Arts, le prix de l'Association québécoise des critiques de théâtre, le prix de l'Association mexicaine des critiques de théâtre, le prix du Conseil des Arts de la communauté urbaine de Montréal, le Dora Mavor Moore Award, le Floyd S. Chalmers Award, et, à deux reprises, le Grand prix de théâtre du Journal de Montréal.

REMERCIEMENTS

L'auteur tient à remercier le capitaine Jacques Decoster, les passagers et l'équipage du Cast Otter lors de la traversée de l'Atlantique en mai 1990.

L'écriture de ce texte a bénéficié d'une bourse à titre d'auteur en résidence (programme du ministère des Affaires culturelles du Québec) au Théâtre de Quat'Sous en 1989 (sous la direction artistique de Louison Danis et Pierre Bernard), d'une bourse du Conseil des Arts du Canada en 1992 et d'une bourse de longue durée du ministère des Affaires culturelles en 1992 et d'une seconde bourse à titre d'auteur en résidence, cette fois au Théâtre du Nouveau-Monde en 1994.

La lecture publique d'une première version de la pièce sous le titre *Quand la reine aura cent ans* a été donnée au Théâtre de Quat'Sous au printemps de 1990 grâce à une aide du Centre d'essai des auteurs dramatiques. La mise en lecture était de l'auteur, assisté de Roxanne Henry. Les comédiens lecteurs étaient Chantale Beaupré, Louise Bombardier, André Brassard, Anne-Marie Cadieux, Anne Caron, René-Daniel Dubois, Lizette Dufour, René Gagnon, Tony Grantley, Dan Jourdan, Benoît Lagrandeur, Stéphane Lestage, Hubert Loiselle, Michèle Magny et Lise Roy.

Une deuxième lecture publique sous le titre *Le voyage du Couronnement* a été donnée à La Licorne durant la semaine de la dramaturgie du CEAD, le 31 mars 1994. La mise en lecture était de René-Richard Cyr et les comédiens lecteurs étaient Éric Bernier, Benoît Dagenais, Luc Gouin, Robert Lalonde, Hélène Loiselle, Marie-France Marcotte, Widemir Normil, Jean-François Pichette, Gérard Poirier, Adèle Reinhardt et Martin Thibeault. La régie était de Lou Artaud, les éclairages de Claude Cournoyer, et Benoît Lagrandeur assurait la coordination technique.

Le voyage du Couronnement a été présentée en italien en lecture publique au Festival Intercity de Florence en octobre 1995, et en anglais au Festival Interact de Toronto en janvier 1996.

Remerciements particuliers à Dominique Lafon et Benoît Lagrandeur.

DISTRIBUTION

Le voyage du Couronnement a été créé le 21 septembre 1995 au Théâtre du Nouveau Monde à la salle Pierre-Mercure du centre Pierre-Péladeau, dans une mise en scène de René Richard Cyr, sous la direction artistique de Lorraine Pintal (TNM) et de Serge Denoncourt (Théâtre du Trident) avec la distribution suivante :

Le Caïd	Rémy Girard
Hyacinthe Bérubé	Marc Béland
Sandro Bérubé	Hugolin Chevrette
Alice Gendron	Monique Leyrac
Le ministre Joseph Gendron	Gérard Poirier
Le diplomate	Robert Lalonde
Le biographe	Benoit Gouin
Marguerite Gendron	Roxanne Boulianne
Mademoiselle Lavallée	Lorraine Côté
Élisabeth Ménard	Marie-France Duquette
Élisabeth Turcotte	Manon
Élisabeth Penington	Caroline Stephenson
Jeremy	Henri Pardo
Willy	Martin-David Peters

Décor	Claude Goyette
Costumes	François St-Aubin
Éclairages	Denis Guérette
Bande sonore	Robert Caux
Accessoires	Philippe Pointard
Maquillages	Angelo Barsetti
Coiffures	Michel St-Hilaire
Assistance à la mise en scène	Geneviève Lagacé
Régie	Lou Arteau

LES PASSAGERS

LE CAÏD. Mafioso. Père de Hyacinthe et de Sandro.

HYACINTHE BÉRUBÉ. Jeune homme de vingt-cinq ans. Fils du caïd. Pianiste dont la carrière se termina abruptement.

SANDRO BÉRUBÉ. Jeune homme de treize ans. Fils du caïd et demi-frère de Hyacinthe.

LE BIOGRAPHE. Biographe du caïd.

LE DIPLOMATE. Attaché commercial du haut-commissaire du Canada à Londres. Vétéran de la Seconde Guerre mondiale.

MARGUERITE GENDRON. Jeune pianiste d'une vingtaine d'années. Fille du ministre.

LE MINISTRE JOSEPH GENDRON. Politicien. Ministre libéral du gouvernement canadien.

ALICE GENDRON. Femme du ministre.

MADEMOISELLE LAVALLÉE. Chef du protocole à bord du Empress of France.

ÉLISABETH TURCOTTE, ÉLISABETH MÉNARD, et ÉLISABETH PENINGTON. Jeunes femmes dans la vingtaine. Gagnantes d'un voyage à Londres pour assister à la parade du couronnement.

JEREMY ET WILLY. Serveurs noirs et anglophones sur l'Empress of France.

...Les pieds dans les glaïeuls, il dort. Souriant comme
sourirait un enfant malade, il fait un somme :
Nature, berce-le chaudement : il a froid.

Les parfums ne font pas frissonner sa narine ;
il dort dans le soleil, la main sur sa poitrine tranquille.
Il a deux trous rouges au côté droit.

Extrait du *Dormeur du Val* d'Arthur Rimbaud, octobre 1870.

Et celui qui donna la vie à cette
victime infortunée, il s'enfuit,
il la livre, il l'abandonne !

Iphigénie à Aulis, Euripide

Populisme

- ↳ ressentiment est critère propre du populisme

- ↳ mouvements masculinistes = malheureux mâle opprimé, asservi par les femmes, victimisé !

- ↳ ressentiment est pour raisons [?]/démagogiques
  entre _mes_ frustrations, _mes_ regrets, _mes_ rancunes
     ↳ la loi du moindre effort.

L'Empire Britannique – position paternaliste.

→ Colonisateur écrit l'histoire
   - Colonisés → veulent effacé leurs identités canadiens
        - prend valeurs du colonisateur.

Mère Patrie – vous ait aussi faire [?] de

Colonies → sont filles de l'Angleterre

Ingratitude du France. C'est une privilège d'être colonisé
                                              avec eux.
Québec exaggère beaucoup

Conscriptions < 1918
              1941 – Gov't libéral promet aux [?] qu'ils
                       ne devraient pas partir dans la guerre.

"Je me souviens". accuse les autres, pas moi.
                    " Blackmail"

Ministre – Humilié par gov't féd

⊕
On ne peut pas se différencier entre bons et
    mauvais, Rôle du victime difficile à supporter

PROLOGUE

Soir.
L'Empress Room, le grand salon de l'Empress of France.
Le Caïd, Hyacinthe (les mains gantées), Sandro et le biographe
entrent, suivis de Jeremy et Willy qui portent des valises.

SANDRO. Pourquoi y'a personne sur le bateau ?

LE CAÏD. Admirez-ça, les enfants. Le grand salon de l'Empress of France !

SANDRO. Pourquoi y'a personne sur le bateau ?

LE CAÏD. Y'a deux ans, c'est ici que la princesse Élisabeth a bu son thé. C'est là que le duc d'Édimbourg a lu son journal.

HYACINTHE. L'embarquement commence seulement demain matin.

LE CAÏD. On va faire une traversée royale.

SANDRO. Pourquoi on embarque avant tout le monde ?

LE CAÏD. On va se priver de rien.

SANDRO. Pourquoi on embarque avant tout le monde ?

HYACINTHE. Parce que la police a décidé qu'on embarquait avant tout le monde.

LE CAÏD. C'est une nouvelle vie qui commence. (*Il regarde ses fils.*) Vous allez voir. Là-bas, on va recommencer en neuf. Bonne nuit, Sandro. Bonne nuit, Hyacinthe. (*Sandro et Hyacinthe se retirent.*) Bring me a bottle of whisky at my cabin, please.

JEREMY. Yes, sir.

Jeremy sort.

LE CAÏD, *au biographe.* Je compte sur vous pour bien raconter notre voyage. Choisissez bien les détails. Rendez jalouse toute la mafia de Montréal. Oubliez rien. C'est une nouvelle vie qui commence.

Le Caïd sort.

LE BIOGRAPHE. Très tôt le lendemain matin, une foule agitée prit d'assaut le majestueux transatlantique Royal Mail Steamship Empress of France de la Pacifique Canadien. Sur le quai, une fanfare militaire animait l'excitation des uns et les adieux des autres. (*Fanfare.*) Vers midi le signal du départ se fit entendre une première fois. (*Corne de brume.*) Les passagers avaient envahi tous les ponts du bateau. Seul celui des premières classes était presque désert. D'un côté, un élégant transportant une cage qui contenait deux oiseaux marchait d'un pas pressé. De l'autre, Sandro, distrait, arrivait, en sens inverse, un Coca-Cola à la main. L'élégant et le jeune garçon se heurtèrent de plein fouet. Il était midi. C'était le 22 mai 1953.

ÉPISODE 1

Le diplomate et Sandro apparaissent sur le pont des premières classes. Le diplomate est couvert de Coca-Cola.

LE DIPLOMATE. Quel étourdi !

SANDRO. Je suis vraiment étourdi.

LE DIPLOMATE. Vous auriez pu regarder où vous alliez !

SANDRO. J'aurais dû regarder !

LE DIPLOMATE. C'est très inconfortable.

SANDRO. J'imagine que c'est inconfortable.

LE DIPLOMATE. Vous avez abîmé mon costume.

SANDRO. J'ai abîmé votre costume ?

LE DIPLOMATE. Cessez de me faire écho.

SANDRO. À l'instant, Monsieur.

LE DIPLOMATE. Ne me parlez pas de si près.

SANDRO. Y'a un tailleur sur le bateau.

LE DIPLOMATE. Oublions ça.

SANDRO. Mon père va payer.

LE DIPLOMATE. Ne me parlez pas de si près.

SANDRO. C'est à cause de mes lunettes. Je devrais les porter mais mon père ne veut pas. Il dit qu'elles m'enlaidissent.

LE DIPLOMATE. Jeune homme...

SANDRO. Mon père va payer.

LE DIPLOMATE. Oublions ça !

SANDRO. Mon père va payer.

LE DIPLOMATE. Oublions ça !

SANDRO. C'est à vous les oiseaux ?

LE DIPLOMATE. Ce sont des alouettes cornues.

SANDRO. Vous les emmenez partout où vous allez ?

LE DIPLOMATE. C'est un cadeau que le corps diplomatique canadien offre au zoo de Londres à l'occasion du Couronnement.

SANDRO. On dit que son carrosse est tout en or et qu'il est tiré par huit chevaux gris.

LE DIPLOMATE. Je peux savoir où vous fonciez comme ça ?

SANDRO. J'allais voir mon père. Il est assez riche pour nous offrir la plus belle suite à bord mais pas assez pour tenir ses promesses. Il m'avait promis un habit en serge noir aux rayures jaunes. J'ai défait mes malles et j'ai pas trouvé d'habit noir aux rayures jaunes.

LE DIPLOMATE. Vous m'êtes familier !

SANDRO. Moi, je ne vous ai jamais vu, sinon je m'en souviendrais. Et tout le monde sait que j'ai une mémoire phénoménale.

LE DIPLOMATE. Ah, oui ?

SANDRO. L'Empress of France pèse 20 123 tonnes, mesure 582 pieds de long par 75 de large par 42 pieds de haut. Il a été construit à Liverpool en 1928. Avant la guerre, il s'appelait le Duchess of Bedford. C'est après la guerre qu'on l'a baptisé l'Empress of France. Aujourd'hui, il entreprend son 222ᵉ voyage. (*Temps.*) Je connais bien du monde qui n'en pourrait déjà plus de m'écouter et qui serait parti. (*Le diplomate lui sourit.*) Il faut avoir une bonne mémoire si on veut faire des affaires. Rien écrire. Jamais laisser de trace. Tout retenir. Le capitaine a commencé à m'apprendre la liste de toute la nourriture qu'il y a à bord.

LE DIPLOMATE. Ah, oui ?

SANDRO. 97 720 livres de farine, 30 400 livres de céréales...

LE DIPLOMATE. Vous n'allez tout de même pas...

SANDRO. Quand j'aurai fini de tout mémoriser, ça va être un grand moment.

LE DIPLOMATE. Vous parlez toujours autant ?

SANDRO. Germaine me le disait souvent.

LE DIPLOMATE. Qui?

SANDRO, *met ses lunettes.* Vous voyez le clocher là-bas? Elle vit tout près. (*Fier.*) Elle a dix-sept ans. Moi, j'en aurai quatorze dans un mois. Au moment où je vous parle, elle me pleure d'amour. Je lui ai dit je pars et elle m'a écouté comme on écoute un homme; sans poser de question.

LE DIPLOMATE. Impressionnant. Et vous? Vous l'avez pleurée?

SANDRO. Mon père n'a jamais pleuré une de ses maîtresses.

LE DIPLOMATE. Il en a plusieurs?

SANDRO. Des dizaines! Moi, je suis le fils de la maîtresse italienne. Mon frère, lui, c'est le fils de la maîtresse française.

LE DIPLOMATE. Je crois me souvenir maintenant.

SANDRO. Vous ne le savez peut-être pas mais je vaux onze mille dollars.

LE DIPLOMATE. Estimez-vous heureux de connaître votre valeur. Vous avez là la réponse à l'une des grandes questions de l'existence. Je sais où je vous ai vu. Vous êtes le fils du caïd!

SANDRO. Vous connaissez mon père?

LE DIPLOMATE. Au tout début des temps, quand le diable a été chassé aux enfers par saint Michel, avant qu'il ne descende dans les abîmes de la terre, il a creusé un trou pour y laisser sa semence. On dit que la mère de votre père se serait vautrée sur la semence du diable et qu'elle l'aurait ainsi engendré.

SANDRO. Wow!

LE DIPLOMATE. Caïd des caïds, Général du vice, Roi des ombres. On dit que c'est Dieu qui a personnellement nommé le premier cardinal de Montréal uniquement pour qu'il en chasse votre père.

SANDRO. Dites-le à personne mais nous fuyons le pays.

LE DIPLOMATE. Je sais. Voici votre nouveau passeport.

Le diplomate sort un passeport de son veston.

SANDRO. C'est ma photo! «Martin Peacock»? C'est vous qu'on paie onze mille dollars pour me trouver un nom aussi laid?

LE DIPLOMATE. Je vais me changer.

SANDRO. Allez vous changer.

LE DIPLOMATE. Plus tard, nous irons voir le tailleur.

SANDRO. Je fais de votre habit, une question d'honneur.

LE DIPLOMATE. Et moi, je vous offrirai ce costume de serge noir aux rayures jaunes.

SANDRO. Vous êtes sérieux?

LE DIPLOMATE. Oui!

SANDRO. Promis ?

LE DIPLOMATE. Promis, Martin ! Votre père a raison : ces lunettes ne vous vont pas du tout. Elles masquent vos yeux.

SANDRO. Pour quelqu'un qui s'est fait bousculer, vous avez été très gentil.

Corne de brume.

ÉPISODE 2

L'Empress room.
Le Caïd assit à une table dressée pour quatre fume un cigare. Willy
est près de la table. Il y a exagération dans la mise en table. Le
biographe est debout près de lui.

LE BIOGRAPHE. Quelques semaines avant l'embarquement, le Caïd des caïds m'avait offert de graver sa vie pour
les générations futures.

LE CAÏD. C'est la deuxième fois qu'on entend le signal du
départ et on bouge toujours pas.

LE BIOGRAPHE. Enlisé depuis des années dans la rédac-
tion de discours officiels, prêtant ma plume à des hommes
sans voix, j'avais accepté l'offre excitante d'être le rappor-
teur de son passé.

LE CAÏD. On bouge toujours pas et le diplomate est en
retard !

LE BIOGRAPHE. Il m'avait confié toutes les étapes de son
ascension dans la hiérarchie du monde interlope.

LE CAÏD. D'ordinaire quand j'invite, on est en avance.

LE BIOGRAPHE. J'avais minutieusement inventorié tous
les noms des martyrs qui avaient été sacrifiés à l'édification
de sa réussite. Son passé imposait.

LE CAÏD. Ça, c'est très bon !

LE BIOGRAPHE. Un tel succès, si jeune.

LE CAÏD. «Un tel succès, si jeune !» C'est très bon. (*Corne de brume.*) Vous entendez ?

LE BIOGRAPHE. C'est Montréal qui vous retient. Elle vous en veut de la quitter.

LE CAÏD. J'aime ça.

LE BIOGRAPHE. Deux mois plus tôt, ce voyage qui se devait d'être le plus éclatant de sa carrière, se transforma, à la suite de quelques incidents, en un sombre exil.

LE CAÏD. Sombre exil ?

LE BIOGRAPHE. C'est à l'embarquement que je compris ma lourde tâche ; rapporter à la postérité le déclin et la chute du Général du vice.

LE CAÏD. Sombre exil ! Déclin ! Chute ! Trouvez d'autres mots ! Passage. Étape. Changement. Enjolivez !

LE BIOGRAPHE. J'essaie, Monsieur.

LE CAÏD. Mettez des beaux qualificatifs.

LE BIOGRAPHE. J'abuse déjà des superlatifs !

LE CAÏD. Inspirez-vous de nos livres d'histoire !

LE BIOGRAPHE. Lesquels ?

LE CAÏD. Écrivez ma vie comme celle d'un héros national !

LE BIOGRAPHE. Lequel?

LE CAÏD. Trouvez-en un!

LE BIOGRAPHE. Monsieur, y'a deux sortes de biographies; celles qui enjolivent et qu'on pilonne; et il y a celles qui disent vrai, celles qui traversent le temps.

LE CAÏD. Je veux pas qu'on m'oublie. Avec mon nouveau passeport, je vais disparaître sous le nom d'un autre. Je veux qu'on se rappelle que j'étais grand. Rendez tout plus beau, plus fort, plus grand!

LE BIOGRAPHE. Il nous faut un minimum d'objectivité!

LE CAÏD. Laissez ça aux archives de la police.

LE BIOGRAPHE. On ne raconte pas sa vie en n'en mentionnant que les bons moments.

LE CAÏD. La mienne, c'est comme ça qu'elle se raconte.

LE BIOGRAPHE. Monsieur...

LE CAÏD. Et à la fin, vous écrirez ma disparition comme on écrit les grands mystères.

LE BIOGRAPHE, *résigné.* De l'autre côté de l'océan, une nouvelle vie trépidante, pleine de surprises et de rebondissements attendait l'illustre mafioso.

LE CAÏD. Déjà, c'est plus beau!

LE BIOGRAPHE. C'est à cet instant que Hyacinthe entra. Il était midi.

Hyacinthe entre. Il a les mains gantées.

LE CAÏD. C'est la disparition de notre famille. Je veux que ce soit solennel !

HYACINTHE. Le grand salon à vous seul ?

LE CAÏD. On était les plus forts. Je me rappelle de la visite de George VI en 39. Il devait rester au deuxième étage de l'hôtel Windsor. En face de sa chambre, 'y avait une maison de jeu. Pour pas déranger la vue du monarque, on a voulu fermer la maison de jeu. Finalement, c'est le roi qui a dû changer d'étage.

HYACINTHE. L'histoire se souviendra de vous, papa. Grâce à vous, Monsieur le biographe !

LE BIOGRAPHE. L'histoire n'a pas besoin de moi.

HYACINTHE. Si l'histoire n'avait pas besoin de vous, on ne serait pas là à l'écouter radoter tout ça.

LE BIOGRAPHE, *se retirant un peu.* La fanfare sur le quai entama un nouvel air.

LE CAÏD. Le diplomate est en retard.

HYACINTHE. Je vais chercher votre diplomate.

LE CAÏD. Cinq minutes avec moi et tu t'ennuies déjà ?

HYACINTHE. Je le ramène tout de suite.

LE CAÏD. Reste ici. Je veux que t'apprennes comment se fait la business.

HYACINTHE. Quelle business? Si vous voulez faire de la business avec un diplomate, ça vous prend un diplomate. Je vous offre d'aller vous chercher un diplomate. Après, quand le diplomate sera là, j'apprendrai comment se fait la business, et quand j'en saurai autant que vous, mes enfants à leur tour se feront massacrer! Ça vous va?

LE CAÏD. T'es blême.

HYACINTHE. Ça vous gêne?

LE CAÏD. J'te trouve maigre.

HYACINTHE. J'ai toujours été comme ça.

LE CAÏD. J'te trouve arrogant.

HYACINTHE. Ça, c'est récent.

LE CAÏD. Tu laisses une petite amie à Montréal?

HYACINTHE. Non.

LE CAÏD. C'est pour ça que t'es blême.

HYACINTHE. Ah, oui?

LE CAÏD. La maigreur, c'est ta mère. C'était la plus maigre. Tu vas voir, j'vais te trouver une femme, moi.

HYACINTHE. Depuis quand les filles s'intéressent aux manchots?

LE CAÏD. Réponds-moi mieux que ça!

HYACINTHE. «Monsieur, pourriez-vous caresser mon amoureuse. Moi, je n'y arrive pas.»

LE CAÏD. Réponds-moi mieux que ça!

HYACINTHE. Ou quoi? «Réponds mieux que ça!» ou quoi?

LE BIOGRAPHE. Une volée de mouettes passa au-dessus de la coupole vitrée du grand salon.

LE CAÏD. L'histoire se fait de peines et de blessures.

HYACINTHE. C'est ça!

LE CAÏD. L'histoire se fait de victoires et de pertes.

HYACINTHE. C'est ça!

LE CAÏD. Tu me dois le respect.

LE BIOGRAPHE. Le fils embrassa le père.

HYACINTHE, *immobile*. C'est fait! Je vous aime. C'est dit. Y'a-t-il d'autres dettes? (*Près du visage du caïd.*) Un jour, on lira dans les rides du visage comme on lit dans les lignes de la main. De vos rides, de celles entre vos sourcils, on dira qu'elles trahissaient une intelligence inquiète. Celles sur votre front laisseront voir que vous avez vécu constamment dans la peur. Celles près de votre bouche diront que vous avez souvent serré les dents à cause des remords. Mais on ne trouvera aucune trace du bon père qu'il fut, rien de celui qui faisait rire ses enfants par ses extravagances, rien de celui qui les protégeait.

LE CAÏD. On va se faire un meilleur avenir.

HYACINTHE. On dirait la propagande pour la conscription.

LE CAÏD. On m'a dit que t'avais des médicaments à prendre !

HYACINTHE. Ça endort le mal...

LE CAÏD. Tes médicaments !

HYACINTHE. ...pas les cris.

LE CAÏD. Tu vas voir ; quand on va être à Londres...

HYACINTHE, *hurlant.* Qu'est-ce qu'on fera quand on sera à Londres ? Qu'est-ce qu'on peut faire de plus beau que d'y donner un concert ? On va à Londres pour jouer du piano, pour jouer devant la reine, pour s'y faire applaudir. Pas pour s'y cacher. Y'a des notes, y'a des gammes à Londres. Pas une famille qui s'exile.

LE CAÏD. Fermez les portes !

HYACINTHE. J'étais pianiste ! J'étais un grand pianiste !

LE CAÏD. J'veux pas que le diplomate le voie dans cet état.

HYACINTHE. On m'appelait le Grand disciple de Chopin !

LE CAÏD. Je déteste les débordements !

HYACINTHE. Je devais jouer pour la reine ! Je devais jouer au gala du couronnement !

LE CAÏD. Calme-toi !

HYACINTHE. Ils étaient deux. Deux derrière moi. Deux hommes sans visage. «Continue, on aime ça la musique. Continue!» Y'en a un qui m'a pris les poignets et il a tenu mes mains fermement sur les touches du piano. «Continue! On t'a dit de continuer.» L'autre a refermé le couvert du clavier... sur mes mains. Et encore... sur mes mains! Encore! Encore! (*Criant.*) Écrivez, le biographe! Encore! Jusqu'à ce que le couvert du clavier se déchausse de ses pentures, jusqu'à ce que mes phalanges sortent de mes jointures. Le clavier était rouge. Mes mains étaient rouges. Je ne comprenais pas ce qui m'arrivait. Je ne comprenais rien. Je comprenais pas mes mains. Y'avait erreur! Y'avait erreur! Et là... Là, la lumière est apparue dans l'obscurité. La raison de tout cela, plus douloureuse que la blessure elle-même. «On avait averti ton père de fermer sa grande gueule. On lui avait dit d'arrêter de dénoncer tout l'monde.» J'ai payé pour mon père. J'ai payé pour les délations de mon père. J'aurais préféré qu'on en veuille à mon talent. Écrivez, le biographe! La suite royale, le grand salon, l'exil de luxe, c'est une gracieuseté de la police pour services rendus!

LE CAÏD. On a toujours mené la grande vie.

HYACINTHE. Avec ma musique, j'avais réussi à oublier le vacarme des fonds de ruelles, les vociférations des saoûleries, les supplications des putains qu'on remet à l'ordre.

LE CAÏD. Les regrets, ça empêche de bouger. Ça empêche d'avoir des idées.

HYACINTHE. Avec ma musique, j'avais réussi à oublier que votre monde finirait par me rattraper un jour.

LE CAÏD. Hyacinthe, je pensais pas qu'ils passeraient aux actes.

HYACINTHE. Et vous saviez...

LE CAÏD. Je sais tout.

HYACINTHE. Vous saviez que j'étais menacé.

LE CAÏD. Je vais vous rendre heureux là-bas.

HYACINTHE. Vous saviez!

LE CAÏD. Je vais vous donner c'qu'y a de mieux. Y a plus rien ici. Des petits macros, des quêteux, des grenouilles de bénitiers, des ruines-babines, des porteurs d'eau, des aboyeurs. Deux cents mots dans' gueule, dix cennes dans une poche, le chapelet dans l'autre. On va faire des meilleures affaires là-bas. Ici, c'est trop p'tit. Ça manque de style. Je vais vous donner c'qu'y a de mieux. Des meilleurs noms, des meilleures vies! On va recommencer en neuf, là-bas.

HYACINTHE. Un jour, on trouvera la vérité en lisant vos rides, pas votre biographie.

LE CAÏD. Tu vas oublier. Tu vas voir. On oublie tout.

HYACINTHE. J'ai un titre pour vos mémoires. «L'apprentissage de l'impuissance.»

LE CAÏD. Tu sais que je t'aime!

HYACINTHE. C'est ça! Ça fera un beau chapitre.

Hyacinthe sort.

LE BIOGRAPHE. J'enjolive tout ça, Monsieur?

LE CAÏD. Je m'attendais à sa crise. J'aime autant que ça se passe en début de voyage.

LE BIOGRAPHE. La veille, la police avait fermé les derniers bordels de la rue Sanguinet, brûlé les dernières tables de jeu de la rue Sainte-Élisabeth. Montréal la Pute redevenait Montréal la Sainte.

LE CAÏD. Y'a plus rien ici.

LE BIOGRAPHE. Pas une de ses maîtresses n'était venue lui dire adieu.

LE CAÏD. Laissez faire la dernière phrase.

SANDRO, *portant ses lunettes, entre.* Qu'est-ce qu'il a Hyacinthe?

LE CAÏD. Il a mal à ses mains.

SANDRO. J'ai vérifié deux fois. Les trois malles, la brune et les deux vertes. J'ai pas trouvé d'habit noir au rayures jaunes. Et j'ai regardé avec mes lunettes.

LE CAÏD. Un si beau visage qui nous rappelle les traits de ta mère. Tu le massacres avec tes maudites lunettes.

SANDRO. Le moment est mal choisi pour évoquer le souvenir d'une femme à qui j'ai fait mes adieux hier pour vous suivre.

LE CAÏD. Le moment est mal choisi pour me faire chier, Sandro.

SANDRO. Mentanare la promessa? Canadese!

LE CAÏD. En français, Sandro !

SANDRO. Un habit noir aux rayures jaunes !

LE CAÏD. J'avais d'autres préoccupations que ta garde-robe !

SANDRO, *colérique*. Basta ! Y'a beaucoup de garçons de mon âge qui seraient heureux d'avoir un père comme le mien, un père qui peut tout offrir. Mais personne voudrait de celui qui ne tient pas ses promesses.

LE CAÏD, *fier de la colère de son fils, riant*. Tu laisses une amoureuse à Montréal ?

SANDRO. Germaine. Elle a dix-sept ans.

LE CAÏD. Dix-sept ans. C'est tout un honneur que tu me fais !

SANDRO. J'ai rencontré quelqu'un qui va m'offrir mon habit.

LE CAÏD. Qui ?

SANDRO. Quelqu'un !

LE CAÏD. Sandro, tu sais que je t'aime.

SANDRO. Maman dit : fais attention à ton père, il se rappelle qu'il a un cœur à chaque fois que ses affaires vont mal.

Sandro sort.
Corne de brume.

ÉPISODE 3

Pont des premières classes.

ALICE. J'ai froid.

LE MINISTRE. On nous a dit de regarder vers le hangar 14. C'est là que les photographes se trouvent.

ALICE. J'ai froid.

LE MINISTRE. Il faut montrer aux gens que nous sommes à bord.

ALICE. Et heureux d'y être, je suppose ?

MARGUERITE. Vous n'allez pas recommencer ?

LE MINISTRE. Souris, Marguerite.

ALICE. Souris, Marguerite. Ta vie publique commence.

Mademoiselle Lavallée, la chef du protocole à bord de l'Empress of France, rejoint le ministre et sa femme. Elle leur distribue des drapeaux de l'Union Jack.

MADEMOISELLE LAVALLÉE. Monsieur le ministre ! Madame Gendron ! Tenez ! Agitez les drapeaux et regardez vers le hangar 14 ! Savez-vous la nouvelle ?

LE MINISTRE. Quelle nouvelle, Mademoiselle Lavallée?

MADEMOISELLE LAVALLÉE. La reine a demandé à la Royal Air Force de changer le parcours des avions qui devront survoler le palais de Buckingham après le couronnement.

LE MINISTRE. Ah, oui!

MADEMOISELLE LAVALLÉE. Elle ne veut pas que sa couronne tombe lorsqu'elle lèvera la tête pour les regarder.

LE MINISTRE. Fantastique! Tu as entendu, Alice?

ALICE. Mademoiselle Lavallée? Qui nous a assigné nos places à l'abbaye de Westminster?

MADEMOISELLE LAVALLÉE. C'est nous, Madame Gendron.

ALICE. Devant un mur? On nous a dit que la délégation canadienne allait passer neuf heures devant un mur sans rien voir du couronnement. Qu'est-ce qu'on va dire en rentrant? La reine était gothique, de pierres noircies, et qu'un ménage s'impose?

MADEMOISELLE LAVALLÉE. Je vais voir ce que je peux faire.

ALICE. Ne voyez pas; faites! On a donné trois fils à l'Angleterre, ça vaut bien deux sièges devant le spectacle, non?

MADEMOISELLE LAVALLÉE. Bien, Madame Gendron. (*Au ministre.*) Voici la liste de vos obligations à Londres.

LE MINISTRE, *lisant.* Dîner avec les premiers ministres Saint-Laurent et Churchill à la National Gallery. Thé sous la tente royale...

ALICE. Mademoiselle Lavallée, j'aimerais qu'on m'explique les raisons de notre inexplicable absence à la table du capitaine?

MADEMOISELLE LAVALLÉE. Je vais voir ce que je peux faire. (*Revenant au ministre.*) Visite guidée...

ALICE. Je n'ai pas terminé !

LE MINISTRE, *contrarié.* Elle n'a pas terminé.

ALICE. Au dîner du Canada House à Londres, d'après le plan des tables, vous nous avez assigné les places à côté de l'énorme reine Salote du Tonga. Vous ignoriez qu'elle ronfle à table?

MADEMOISELLE LAVALLÉE. Je vais voir ce que je peux faire !

ALICE. Ne voyez pas ; faites !

MADEMOISELLE LAVALLÉE. Bien, Madame Gendron.

ALICE. Où avez-vous appris les rudiments du protocole, Mademoiselle Lavallée? Dans les pages de Sélection Reader's Digest?

MADEMOISELLE LAVALLÉE. Non, Madame Gendron, à Rideau Hall. Et savez-vous ce que j'y ai appris de plus important?

ALICE. Non.

MADEMOISELLE LAVALLÉE. Avant, je disais : «Arrêtez de me tomber sur les nerfs.» Maintenant je dis : «Je vais voir ce que je peux faire.» Autre chose ?

ALICE. Oui. Le bateau !

MADEMOISELLE LAVALLÉE. Quoi, «le bateau» ?

ALICE. Il va rouiller dans le port ?

MADEMOISELLE LAVALLÉE. Les Indiens !

ALICE. Quoi, les Indiens ?

MADEMOISELLE LAVALLÉE. Personne n'a vu les Indiens monter à bord. On ne lèvera pas l'ancre sans eux !

ALICE. Y'a d'autres bateaux !

MADEMOISELLE LAVALLÉE. Vous nous voyez arriver à Londres sans Indien ? Un bateau canadien sans Indien ? Après tout, ils n'ont qu'une demi-heure de retard.

ALICE. Et vous, trois siècles, Mademoiselle Lavallée !

MADEMOISELLE LAVALLÉE, *sortant*. Les drapeaux ! Les drapeaux ! Qui veut des drapeaux !

LE MINISTRE. Alice, aurons-nous droit à cette attitude tout au long du voyage ?

ALICE. J'ai décidé de m'occuper de ta carrière politique.

LE MINISTRE. Encore !

ALICE. Et si tu te représentes aux prochaines élections...

LE MINISTRE. Je me présente aux prochaines élections.

ALICE. Je m'occupe aussi de ta campagne électorale !

Le diplomate, qui s'est changé, croise le ministre, sa femme et sa fille.

LE DIPLOMATE. Monsieur le ministre. Madame.

LE MINISTRE. Bonjour, Monsieur.

LE DIPLOMATE. Mademoiselle.

LE MINISTRE, *voyant sa fille absente.* Marguerite !

MARGUERITE. Bonjour, Monsieur !

LE MINISTRE. Ma fille représente notre pays au gala du couronnement.

LE DIPLOMATE. Mes félicitations.

MARGUERITE. À vrai dire, je remplace un autre pianiste.

LE MINISTRE. On dit merci, Marguerite.

MARGUERITE. Merci.

LE MINISTRE. Nous sommes très fiers d'elle.

LE DIPLOMATE. Jouer pour la reine, c'est un grand honneur.

MARGUERITE. Merci !

ALICE. Des années d'efforts, les cours, le conservatoire, les privations, tout ça pour jouer devant la reine d'Angleterre. Avoir sû, on l'aurait mise à la cornemuse.

LE DIPLOMATE. J'ai rendez-vous.

LE MINISTRE. Vous avez toute la traversée pour votre rendez-vous. Relaxez, cher ami.

ALICE, *au diplomate.* Quelle horrible idée de mettre des oiseaux en cage !

LE DIPLOMATE. Elles sont nées en captivité. *comme les Québécoises*

ALICE. Comme nous tous, Monsieur.

LE MINISTRE. Votre épouse vous accompagne ?

LE DIPLOMATE. Non. Une grippe.

LE MINISTRE. Vous avez entendu, Alice ? L'épouse de Monsieur a la grippe.

ALICE. Nos meilleurs vœux à Madame votre épouse !

LE MINISTRE. Marguerite !

MARGUERITE. Nos meilleurs vœux à Madame votre épouse !

Silence.

LE MINISTRE. Elle a souvent la grippe ?

ALICE. Ça va, Joseph ! On a donné !

LE MINISTRE. Au fait, je n'ai pas le plaisir de vous connaître?

ALICE. Vous n'allez tout de même pas vous présenter à tous les passagers? Cinq jours de traversée, sept cents passagers. Attendez que le premier ministre déclenche les élections, avant de faire le pitre. (*Au diplomate.*) On nous présente constamment. On passe notre temps à serrer des mains et à se les laver par la suite. C'est ce qu'on appelle la politique canadienne. Après toutes ces années, j'essaie encore de comprendre de quoi est fait le charisme du politicien, par quel phénomène l'électeur se sent transporté à la seule poignée de main d'un élu.

LE MINISTRE. Alice, on nous a dit de sourire et de regarder vers le hangar 14. C'est là qu'il y a les photographes.

LE DIPLOMATE. Le capitaine prévoit une traversée sans intempérie.

LE MINISTRE. C'est qu'il ne connaît pas ma femme. (*Temps.*) Je plaisantais.

ALICE. La dernière fois que j'ai traversé l'océan, c'était pour aller fleurir les tombes de mes fils en France.

LE MINISTRE. Nos fils sont tombés à Dieppe.

LE DIPLOMATE. Le massacre de 42 ou la victoire de 44?

LE MINISTRE. 42.

ALICE. Le massacre.

LE DIPLOMATE. Belle jeunesse!

40

LE MINISTRE. Belle jeunesse !

ALICE. Pour le salut de l'Angleterre !

LE MINISTRE. Pour le salut de l'Europe !

ALICE. Un drame canadien.

LE MINISTRE. Il nous fallait aider Churchill !

ALICE. Un drame britannique.

LE MINISTRE. Il nous fallait aider Staline !

ALICE. Un drame russe ! C'est le gouvernement de mon mari qui a autorisé Dieppe. Geofroy, 22 ans, Gérard 18 ans et Arthur.

LE MINISTRE. Arthur est toujours vivant !

ALICE. Un morceau d'homme. On manque d'espace sur son corps pour y accrocher les médailles. Il ne nous reste qu'une fille et elle va jouer pour la reine d'Angleterre.

MARGUERITE. Bon ! Moi, j'ai des choses à ranger dans ma cabine.

LE MINISTRE. Marguerite.

MARGUERITE. Vous allez devoir m'excuser mais j'ai des choses à ranger dans ma cabine.

Elle quitte.

LE MINISTRE. On dit qu'il va pleuvoir à Londres.

ALICE. Il faisait beau à Dieppe. Les Allemands avaient une vue imprenable sur la plage.

LE MINISTRE. Il y aura neuf jeunes Canadiennes dans la chorale du couronnement à l'abbaye de Westminster.

LE DIPLOMATE. Je ne savais pas.

ALICE. C'est le cousin de la reine, l'oncle préféré de son mari, Lord Mountbatten, c'est lui qui a improvisé le débarquement de Dieppe !

LE MINISTRE, *après un temps.* Radio-Canada va être la première télévision en Amérique à diffuser toute la cérémonie du couronnement. Seulement douze heures de décalage et un impressionnant relais d'avions.

LE DIPLOMATE. J'espère qu'il n'y aura pas de musique sur le reportage du couronnement.

LE MINISTRE. Vous n'aimez pas la musique ?

LE DIPLOMATE. Durant la guerre, il y avait de la musique sur les nouvelles filmées qui nous provenaient d'Europe.

LE MINISTRE. Oui. Une musique fière.

LE DIPLOMATE. Fière, rassurante, parfois même triomphale et le commentaire sur nos pertes était à la limite de l'enthousiasme. On n'entendait ni les prières, ni les souffles courts de la peur, ni les poumons qui râlent le dernier soupir, ni les dernières paroles échangées, celles qu'on devait ramener aux mères, aux veuves et aux orphelins, ni les cris d'une jeunesse qui expire. Rien. Rien de tout cela n'a traversé l'Atlantique. Ici, la musique enterrait le son de l'Histoire. Là-bas, nos soldats étaient de la chair à canon.

Ici, ils étaient une mélodie. Les politiciens, eux, faisaient tout le reste en silence. J'espère qu'on ne mettra pas de musique sur le reportage du couronnement. Ça serait dangereux si les gens croyaient que tout cela, c'est rassurant. Neuf de nos jeunes compatriotes enterrant les voix de milliers de nos cadavres.

LE MINISTRE. Je ne comprends pas.

LE DIPLOMATE. J'étais à Dieppe lors du massacre. J'y ai sûrement croisé les âmes de vos fils. Je suis en retard à mon rendez-vous. Madame, Monsieur.

Il quitte.

LE MINISTRE. Quel homme étrange !

ALICE. J'ai de la sympathie pour lui. Il s'appelle comment déjà ?

LE MINISTRE. Je ne sais pas. On a pas eu la chance d'être présenté.

ALICE. J'ai froid !

Corne de brume.

ÉPISODE 4

L'Empress room.

LE CAÏD, *se racontant au biographe.* La commande de stupéfiants avait été faite par le vicaire de Sainte-Madeleine d'Outremont.

LE BIOGRAPHE. Le vicaire?

LE CAÏD. Lui-même! Un homme d'église pris avec trente-deux onces d'héroïne. J'avais promis une dénonciation exceptionnelle.

LE BIOGRAPHE. C'en était toute une.

LE CAÏD. Les cloches de Montréal en frissonnent encore.

LE BIOGRAPHE. Le diplomate entra dans l'Empress room avec une demi-heure de retard!

LE DIPLOMATE, *entrant.* Pardonnez mon retard!

LE CAÏD. Mon sauveur! Whisky?

LE DIPLOMATE. Nous allons assister à l'histoire du monde.

LE CAÏD. Si jamais le bateau lève l'ancre!

LE DIPLOMATE. Une si jeune reine !

LE CAÏD. L'espoir que tout l'Empire attendait. Tout s'est bien passé ?

LE DIPLOMATE. Les passeports sont en lieu sûr.

LE CAÏD. Où ça, en lieu sûr ?

LE DIPLOMATE. La rumeur veut qu'en partageant votre table, on s'approche du diable.

LE BIOGRAPHE. On tient notre prologue, Monsieur !

LE CAÏD. Où sont les passeports ?

Le diplomate s'assoit.

LE BIOGRAPHE. Le diplomate s'assied confortablement.

LE DIPLOMATE. On dit que la délégation canadienne pour le couronnement est plus imposante que celles de la consécration de notre cardinal à Rome, des obsèques de Staline, de le reine Mary et d'Evita Peron mis ensemble.

LE CAÏD, *allant au but.* Bon ! C'est quoi ? Vous voulez un bonus ? Combien ?

LE DIPLOMATE. J'aime traiter avec des gens comme vous, Monsieur Peacock.

LE CAÏD. Peacock ?

LE BIOGRAPHE. C'est l'oiseau le plus fier, Monsieur ! Ça veut dire « paon ».

LE DIPLOMATE. Vous êtes né à Gloucester. Vous êtes veuf. Vos fils se prénomment James et Martin.

LE CAÏD. C'est combien votre bonus ?

LE DIPLOMATE. Je veux que vous me mettiez en rapport avec quelqu'un.

LE CAÏD. Qui ? Je quitte le pays.

LE DIPLOMATE. J'ai récemment fait la connaissance d'une charmante personne. J'ai été envahi par une grande émotion. Une douloureuse émotion. Tout s'est passé si vite. J'ai baissé la tête de peur qu'on ne me voit rougir.

LE CAÏD. Qui ?

LE DIPLOMATE. Cette personne fait partie de votre entourage.

LE CAÏD. Son nom.

LE DIPLOMATE. J'ai besoin de votre permission pour prolonger cette séduction. Ensuite, vous aurez vos passeports.

LE CAÏD. Si je le peux.

LE DIPLOMATE. On dit que vous pouvez tout.

LE CAÏD. Qui ?

LE DIPLOMATE. La liberté de votre famille contre une nuit avec votre plus jeune fils, Sandro. (*Temps*.) D'ordinaire, je rencontre mes trop jeunes amants dans des lieux sales et obscurs, des chambrettes sans fenêtre. Des visages sans sourire. Sandro est propre et il sent bon.

LE CAÏD. C'est une plaisanterie ?

LE DIPLOMATE. Non.

LE CAÏD. Vous êtes malade.

LE DIPLOMATE. Les rois déchus n'ont pas les moyens de cracher sur leur salut.

LE BIOGRAPHE. Le caïd fut pris d'un malaise. Il s'appuya contre un fauteuil.

LE DIPLOMATE. J'aimerais vous dire que je fais ça pour venger ma sœur putain qui a été battue par vos hommes, pour mon frère mort d'une surdose d'héroïne, pour mon autre frère criblé de dettes de jeu et criblé de balles, mais je suis enfant unique. Non. Je n'ai aucune autre raison que les beaux yeux de votre jeune fils.

LE BIOGRAPHE. D'un geste, le Général du vice supplia le diplomate de se taire.

LE DIPLOMATE. Ne me regardez pas ainsi. Je ne baisserai pas les yeux. Avec le temps, j'ai endormi tous les remords. Vous devez comprendre ce que je veux dire. Je vous avoue que je vis présentement un grand moment ; vous allez me donner la permission de séduire votre fils. Je n'ai pas à craindre qu'il me dénonce auprès de vous, car je vous demande d'être complice. C'est à la fois étrange et merveilleux.

LE BIOGRAPHE. Le Roi des ombres voulut se jeter sur le diplomate.

LE DIPLOMATE. Attention ! On dit de votre profession que les émotions sont à proscrire. J'ai peur de perdre un peu d'excitation. Vous devez comprendre ; faire une chose qui est hors-la-loi et contre la morale donne une grande excitation dans son accomplissement. J'aime cette sensation de vertige.

Le Caïd ne bouge pas.

LE CAÏD. Dépravé.

LE DIPLOMATE. Venant de vous, c'est un compliment.

LE BIOGRAPHE. Il se devait de réagir.

LE CAÏD. Sortez !

LE DIPLOMATE. Vous oubliez ce que vient d'endurer le pianiste ? On dit qu'il ne jouera plus jamais.

LE BIOGRAPHE, *commentant.* Silence.

LE DIPLOMATE. Vous avez trop parlé. Ils vont vous traquer jusqu'à la nuit des temps. Vous n'avez pas respecté les règles, Caïd.

LE BIOGRAPHE. Silence.

LE DIPLOMATE. Vous parlez trop.

LE BIOGRAPHE. Silence.

LE DIPLOMATE. Ces passeports sont ce qui se fait de mieux. Pensez à votre avenir, au moins à celui de vos enfants.

LE BIOGRAPHE. Toujours le silence.

LE DIPLOMATE. Fortune et prospérité vous attendent là-bas.

LE BIOGRAPHE. Le Caïd des caïds frappa la table de ses deux poings!

LE DIPLOMATE. Je veux qu'il se sente en confiance avec moi. Vous pouvez me parler de sa Germaine? Cela m'aiderait à créer l'intimité. (*Silence.*) Vous verrez, ce n'est pas si tragique. Il va s'en remettre. Après, ils ont l'impression d'avoir joué à quelque chose qui les dépasse. Leurs sourires sont différents, leurs yeux aussi. Certains deviennent sombres, d'autres y prennent goût. Mais tous, ils vieillissent plus vite. C'est dommage qu'ils ne puissent garder plus longtemps cette espèce de fragilité qu'ils ont au-dedans. Bien sûr, si tout se passe bien, je lui tairai votre participation à tout cela. Vous savez qu'il a une mémoire phénoménale? Je doute que vous me répondiez aujourd'hui. Ne prenez pas trop de temps. L'Angleterre est plus proche qu'on le croit.

LE CAÏD. Jamais!

Corne de brume.

LE DIPLOMATE. Vous avez encore le temps de quitter le bateau!

LE BIOGRAPHE. Il lui offrit tout l'argent du monde.

LE DIPLOMATE. Je sais par expérience que votre historien transformera cet événement. Les historiens ne s'entendent pas sur une seule chose; l'histoire. Je peux attendre trois jours. C'est tout ce que je peux attendre.

LE BIOGRAPHE. Il l'empoigna par le cou.

LE DIPLOMATE. Trois jours.

LE BIOGRAPHE. Il lui arracha les yeux. Il le transperça d'une lame.

LE DIPLOMATE. Vous m'avez reçu en sauveur, je repars en paria. L'histoire se répète. Je peux comprendre votre souffrance. J'ai déjà souffert. Onze heures sur la plage de Dieppe. Trente-quatre mois dans les camps de concentration nazis. Je peux comprendre votre horreur. Mais vous serez étonné. On s'habitue à tout. Dites-vous qu'en sacrifiant votre plus jeune fils, ce n'est qu'un autre fils qu'on sacrifie. Vous avez trois jours pour me donner votre réponse.

LE BIOGRAPHE. Pas un mot, pas un geste.

ÉPISODE 5

Pont des premières classes.

SANDRO. Y'a des gageures sur une course de petits bateaux à tribord. Tu me donnes des sous?

HYACINTHE. Non.

SANDRO. Ça fait encore mal tes mains?

HYACINTHE. Non.

SANDRO. Tu sais, j'aurais aimé ça aller te voir à l'hôpital mais ma mère ne voulait pas.

HYACINTHE. C'est vrai?

SANDRO. Elle a dit que c'était dangereux. Mais j'ai pensé souvent à toi.

HYACINTHE, *touché.* Ah, oui?

SANDRO. J't'ai même trouvé un nouveau métier.

HYACINTHE. Un métier?

SANDRO. Boxeur. T'as peut-être pas la forme mais t'as déjà le tempérament. (*Hyacinthe sourit.*) Je me suis ennuyé de toi. J'aurais bien aimé te voir à l'hôpital mais ma mère ne voulait pas.

HYACINTHE. Sandro?

SANDRO. Quoi?

HYACINTHE. T'es pas en train de me dire tout ça pour de l'argent?

SANDRO. Juste ce qu'il faut pour gager.

HYACINTHE, *souriant.* Je savais pas qu'on pouvait être si dégoûtant, si jeune.

Il lui donne de l'argent.

SANDRO. T'es mon frère préféré. Grazie. (*Marguerite s'approche d'eux.*) Ne vous approchez pas de lui. Il va vous faire pleurer.

Sandro quitte.

MARGUERITE. C'est la première fois que je prends le bateau. J'ai peur d'avoir le mal de mer mais on m'a dit qu'au printemps la mer est plus calme. Les gens sur les quais nous envient.

HYACINTHE. Des petits macros, des quêteux, des grenouilles de bénitiers, des ruine-babines, des porteurs d'eau, des aboyeurs...

MARGUERITE. Vous ne devriez pas dire ça.

HYACINTHE. C'est dit.

MARGUERITE. Je suis Marguerite Gendron.

HYACINTHE. Je ne veux pas vous connaître.

MARGUERITE. Dites-moi quelque chose de gentil.

HYACINTHE. Pourquoi je vous dirais quelque chose de gentil?

MARGUERITE. Allez!

HYACINTHE. Votre robe est très propre.

MARGUERITE. Quelque chose de tendre maintenant.

HYACINTHE. J'aime la viande rouge et tendre.

MARGUERITE. Vous êtes drôle.

HYACINTHE. Je ne suis pas drôle.

MARGUERITE. Je suis Marguerite Gendron.

HYACINTHE. Je ne veux pas vous connaître.

MARGUERITE. C'est moi qui vous remplace au gala du Couronnement.

HYACINTHE, *blessé*. Vous voudriez lacer mes souliers? C'est à cause de mes mains. Je n'y arrive pas.

MARGUERITE. Vos souliers sont parfaitement lacés.

HYACINTHE. J'ai vu dans votre œil.

MARGUERITE. Qu'est-ce que vous avez vu?

HYACINTHE. Vous avez manqué la vente des poteries aux centre des infirmes. Y'a une dame qui a acheté deux sculptures abstraites. Ce qu'elle ne savait pas, la dame, c'est que l'artiste avait tenté de faire des bols à salade. C'est à cause de ses mains. Il n'y arrive pas. J'ai vu dans votre œil.

MARGUERITE. Qu'est-ce que vous y avez vu ?

HYACINTHE. Lorsqu'on a été comblé de regards admiratifs et qu'il faille s'habituer à cet autre regard, voyez-vous, ça, moi, je n'y arrive pas.

MARGUERITE. J'aurais dû commencer par vous dire que j'étais désolée pour vos mains.

HYACINTHE. C'est dit.

MARGUERITE. J'aurais dû vous dire que vous étiez un grand pianiste.

HYACINTHE. C'est fait. Maintenant laissez-moi.

MARGUERITE. La première fois que je vous ai entendu, c'était au Club littéraire et musical du Ritz-Carlton. Quel récital. (*Regardant ses mains.*) Arthrose ?

HYACINTHE. Non. C'était Chopin.

MARGUERITE. On m'avait prévenue que vous étiez amer.

HYACINTHE. Alors pourquoi vous restez là ? L'amertume vous attire ?

MARGUERITE. Vous m'avez toujours impressionnée !

HYACINTHE. Vous voulez vous excuser d'avoir pris ma place? D'avoir explosé de joie à l'annonce de mon malheur?

MARGUERITE. N'allez pas croire que...

HYACINTHE. On attend tous que l'autre se casse le cou pour prendre sa place.

MARGUERITE. Je ne voudrais pas...

HYACINTHE. Voler les miettes de ce qui fut grand? Mettre à votre tableau d'honneur nos minutes d'intimité? J'ai vu le Grand disciple de Chopin! J'ai vu sa déchéance! J'ai vu l'échec!

MARGUERITE. Tout à l'heure quand je vous ai vu sur le pont...

HYACINTHE. Jour et nuit, je travaillais au piano et je me disais que l'échec c'était sûrement la seule façon de me reposer, de calmer le chaos qui m'habitait, de donner un répit à la fougue, de me propulser dans la vraie vie. Je n'ai jamais été aussi agité. Je me réveille fatigué. Mes rêves sont des litanies de lamentations. Regardez-moi. Il y a le deuil et la peine.

MARGUERITE. Je ne voulais pas...

HYACINTHE. Alors qu'est-ce que vous voulez, Marie?

MARGUERITE. Marguerite!

HYACINTHE. J'n'ai pas la mémoire qu'il faut pour retenir le nom des deuxièmes choix.

MARGUERITE. Je veux Chopin! J'ai eu votre place mais j'ai aussi eu votre programme. Je suis l'amante de Liszt. J'ai besoin de vous pour m'initier aux secrets de Chopin.

HYACINTHE. Chopin est mort une deuxième fois il y a deux mois.

MARGUERITE. Ce gala, c'est la grande chance, celle qui ne passe qu'une fois.

HYACINTHE. Quel tact!

MARGUERITE. Quand on m'a dit que je jouerais votre programme, tout est devenu sombre.

HYACINTHE. Vous porterez du noir.

MARGUERITE. Chopin ne porte qu'un costume, celui de la mélancolie. Il s'habille d'échecs amoureux. Il se cintre l'âme jusqu'à l'exaltation. Qu'on m'habille de noir, de blanc, de rouge, en si peu de temps, je ne trouverai jamais au fond de moi les couleurs dont Chopin se vêt.

HYACINTHE. Il vous faut quoi pour jouer Chopin? Une grande peine d'amour? La salle sera remplie de vieilles aristocrates dont les diamants collent aussi mal à leurs montures que leurs dentiers à leurs bouches, de faux-amants de la musique qui confondent fausses notes et Bartòk, des fumistes qui assistent aux concerts pour montrer leurs habits qui ne reflètent en rien ce qu'ils sont vraiment. De la reine jusqu'à vous, tout ne sera que conventions. Donnez-leur l'impression que vous avez souffert. Et n'oubliez pas. Aux saluts, penchez la tête vers la droite, c'est là que la reine se trouve. Ensuite prenez les pans de votre robe et fléchissez les genoux! Si une larme vient, laissez couler! Le public adore l'émotion. Si la reine frappe dans ses mains plus de vingt fois, votre carrière est assurée dans tout le Commonwealth, sinon on vous appellera « la Canadienne ».

MARGUERITE. Soyez mon âme, je serai vos mains? (*Temps.*) En retour, vous pouvez me demander n'importe quoi !

HYACINTHE. Rendez-moi heureux.

MARGUERITE. Quoi ?

HYACINTHE. Rendez-moi heureux. Redonnez-moi un sourire qui ne soit pas cynique. Enlevez-moi la tristesse que j'ai au fond des yeux. Rendez mon voyage agréable.

MARGUERITE. La sécheresse de votre cœur effraie.

HYACINTHE. Je ne vous demande pas d'être l'amour qui donne le vertige, celui qui crée les fantasmes. Soyez l'amour de passage, celui qui soigne, celui qui panse les blessures. Soyez l'amour entre deux battements du cœur, celui qu'on use un temps et qu'on jette après.

MARGUERITE. Vous êtes cruel.

HYACINTHE. Je n'ai pas connu la tendresse féminine depuis si longtemps. Mon père serait si heureux.

MARGUERITE. Je ne peux pas.

HYACINTHE. Racontez-moi votre vie. J'y trouverai peut-être l'inspiration pour continuer la mienne. Choisissez les souvenirs qui attendrissent. S'il le faut, inventez.

MARGUERITE. Inventer? Ce n'est pas sincère. L'amour est sincère. On ne joue pas ses sentiments.

HYACINTHE. Mon père dit que ça vient avec l'âge.

MARGUERITE. C'est absurde.

HYACINTHE. Absurde? J'ai toutes les raisons du monde pour quitter ce bateau et je reste là. Ça, c'est absurde! Allez, dites-moi quelque chose de gentil.

Plusieurs sons de corne de brume.

MADEMOISELLE LAVALLÉE, *se dirige vers Hyacinthe et Marguerite.* Les Indiens sont à bord. Le bateau va partir. Regardez les photographes devant le hangar 14, agitez les drapeaux et souriez! C'est la princesse Margaret qui représente la reine aujourd'hui au mariage de la princesse Ragnhild de Norvège. Elle épouse Erling Lorentzen, un armateur!

MARGUERITE, *perdue.* Fantastique!

MADEMOISELLE LAVALLÉE. Le câble dit que Lorentzen lui a dit «oui» d'une voix assurée, et la princesse lui a répondu d'une voix faible. Je ne savais pas que la princesse Ragnhild était la seule fille du prince héritier Olav de Norvège. Vous?

MARGUERITE. Je savais pas qu'il y avait une monarchie en Norvège!

MADEMOISELLE LAVALLÉE. Non, mais qu'est-ce qu'on vous enseigne dans les conservatoires?

HYACINTHE. On leur apprend à copier les génies.

Marguerite s'éloigne. Plusieurs sons de corne de brume. Tous les passagers sauf le Caïd et les trois Élisabeth entrent sur le pont.

On entend le « God Save the Queen ».

MADEMOISELLE LAVALLÉE. On bouge ! On bouge !

LE DIPLOMATE. Le bateau quitte le port, Sandro !

SANDRO, *à Hyacinthe.* C'est l'hymne national.

HYACINTHE. C'est le « God Save the King ».

MADEMOISELLE LAVALLÉE. Le « God Save the Queen » !

LE MINISTRE. Marguerite, viens près de nous.

LE DIPLOMATE. Cette musique effraie mes oiseaux.

ALICE. Elle effraie aussi les Hindous, les Pakistanais et les Canadiens français.

LE DIPLOMATE. Sandro, venez près de moi.

MADEMOISELLE LAVALLÉE. On bouge ! On bouge !

LE DIPLOMATE. Agitez votre drapeau, Sandro.

LE BIOGRAPHE. C'était un grand bateau blanc qui s'avançait sur une époque entre deux courants. La dernière grande guerre avait anéanti le peu d'innocence qu'il restait à l'être humain. Désormais tout homme et toute femme avait une place sur l'échiquier de chacun. Chacun avait son prix et chacun se marchandait. Il n'y avait plus que des symboles d'antan tel l'avenir prometteur d'une jeune reine

59

qu'on couronnait pour nous faire croire à des demains meilleurs.

LE CAÏD, *au biographe.* Plus beau, plus fort, plus grand !

LE BIOGRAPHE. Bientôt, ils s'affranchiront de leurs soucis pour admirer l'immensité et la puissance de l'océan. Ils adapteront leur mode de vie au roulis du navire. Des événements réguliers marqueront chaque journée : services religieux quotidiens dans l'exquise chapelle du bord, cinématographe, concours sportifs sur le pont, cocktails, jeux de société, bals, et surtout, les abondants repas, particulièrement soignés. Ça vous va comme ça, Monsieur ?

LE DIPLOMATE. Votre drapeau, Sandro !

ÉPISODE 6

Salon des fumeurs.
Une des grandes portes de la salle de bal est entrouverte, éclairant ainsi la silhouette du caïd qui fume un cigare. Son biographe près de lui. Il écoute la musique provenant de la salle de bal. On y répète Chopin. Sandro, portant la cage d'alouettes, rejoint son père. Il enlève ses lunettes et les range.

SANDRO. J't'ai attendu à la salle à manger.

LE CAÏD. Tu m'as attendu?

SANDRO. T'avais pas faim?

LE CAÏD. J'avais pas faim.

SANDRO. T'as manqué la colère de la femme du ministre.

LE CAÏD. Elle a fait une colère?

SANDRO. Elle voulait être assise à la table du capitaine. (*Temps.*) Le capitaine lui a donné sa place.

Temps.

LE CAÏD. J'ai manqué ça.

LE BIOGRAPHE. Estuaire du Saint-Laurent. Deuxième journée de traversée.

SANDRO. C'est la remplaçante qui joue?

LE CAÏD. Qui?

SANDRO. C'est Hyacinthe qui l'appelle comme ça.

LE CAÏD. Je sais pas qui joue.

SANDRO. La brume a disparu.

LE CAÏD. C'est bien.

SANDRO. On voit plus les lumières de la Côte-Nord.

LE CAÏD. Déjà?

SANDRO. C'est très noir.

LE CAÏD. Ah, oui?

SANDRO. C'est très froid.

LE BIOGRAPHE. Liste des activités à bord. Description des menus. Notes inutiles.

SANDRO. Comme ça, les affaires sont au ralenti?

LE CAÏD, *souriant*. Les affaires vont bien.

LE BIOGRAPHE. Pages blanches. Panne de sujet.

SANDRO. Hyacinthe est encore sur le pont.

LE CAÏD. Toujours à la même place ?

SANDRO. Toujours à la même place.

LE CAÏD. Qu'est-ce qu'il fait ?

SANDRO. Il est triste.

LE CAÏD. C'est à cause de ses mains.

SANDRO. Il faudrait lui dire de rentrer.

LE CAÏD. Il est assez vieux pour savoir ce qu'il fait.

SANDRO, *parlant des oiseaux.* La plus grosse, c'est Pacifique.
L'autre, c'est Atlantique.

LE CAÏD. On promène les chiens, pas les oiseaux à ce que
je sache !

SANDRO. Il a connu plein de femmes.

LE CAÏD. Qui ça ?

SANDRO. Le diplomate. Il m'a montré des photos. Elles
sont très bien faites. Mais la plus jolie, c'est sa femme.

LE CAÏD. Y'a des jeunes de ton âge sur le bateau avec qui
tu peux t'amuser et d'autres lieux que la cabine d'un diplomate.

SANDRO. 441 cabines en première classe, 259 en classe
touriste.

LE CAÏD. Sandro !

SANDRO. Quatre salons, trois salles à manger, deux bars, deux salles de bals...

LE CAÏD. Arrête !

SANDRO. C'est la première fois que quelqu'un d'important s'intéresse à moi.

LE CAÏD. Mets tes lunettes !

SANDRO. Tu trouves que ça m'enlaidit !

LE CAÏD. Tu peux le revoir si tu remets tes lunettes.

SANDRO. Hier soir, j'étais triste. C'est à cause de Germaine.

LE CAÏD. Tu vas voir. Y'a plein de belles Anglaises en Angleterre.

SANDRO. Tu sais, dans la vie, parfois, il faut faire de grands sacrifices pour les autres. Moi, je fais le sacrifice d'oublier Germaine pour toi, pour te suivre.[1] [Tu pleures ?

LE BIOGRAPHE. Cette révélation me tira de l'ennui.

LE CAÏD. C'est la musique.

SANDRO. Un jour, Dieu apparut à un homme dont la foi était inébranlable. Il lui dit : « Aiguise ton couteau, prépare le bois pour un bûcher, charge-s-en le dos de ton fils et rendez-vous à la plus haute des montagnes. Rendus à son sommet, immole ton fils, le bien aimé, en sacrifice pour

---

1. N.D.A. : Lors de la création, en accord avec le metteur en scène, ce passage a été supprimé. Je tenais à les conserver à l'édition.

moi. » L'homme aiguisa son couteau, fendit le bois et en chargea son fils. C'est alors que le fils demanda au père où était l'animal qu'il devait sacrifier. Quel mouton ? Quelle brebis ? Quel bélier ? Il lui répondit que Dieu verrait à cela. Rendu à l'endroit indiqué, le père prépara le bûcher et profitant du sommeil de son fils, il lui lia les mains et les pieds. Son cœur et son âme étaient tristes, mais il savait que c'était pour assurer sa prospérité. Étrange. Sacrifier sa descendance pour assurer son avenir. Les légendes sont ainsi. Le père plaça son fils sur le bûcher. Il leva au ciel son bras armé du couteau, et là, une, deux secondes...

LE CAÏD. Assez !

SANDRO. J'ai pas fini !

LE CAÏD. Depuis qu'on est à bord, tu trouves tous les moyens de me tomber sur les nerfs.

SANDRO. J'ai pas fini !

LE CAÏD. Quand c'est pas une histoire d'habit, c'est une histoire de curé.

SANDRO. J'ai pas fini !

LE CAÏD. Dieu voyage avec le p'tit monde, deux ponts plus bas, en classe touriste. Laisse-le où il se trouve.] Qui t'a conté ça ?

SANDRO. Quelqu'un.

LE CAÏD. Qui ?

LE DIPLOMATE, *entrant.* C'est moi. C'était pour le consoler.

LE BIOGRAPHE. Le salon des fumeurs s'illumina. La femme du ministre entra suivie de son mari, de trois jeunes filles et des stewards. (*La pièce s'illumine. Willy et Jeremy entrent suivis d'Alice, du ministre et de trois jeunes femmes.*) Le Caïd alla à leur rencontre.

ALICE. Vous nous fuyez, Caïd? (*Ils s'installent pour jouer aux cartes. Au diplomate.*) On est devenu un pays riche en fournissant aux autres le nécessaire pour s'entre-tuer. Comme le nazisme est mort, il nous faut un nouveau spectre pour faire tourner nos usines de guerre dont certains membres éminents du Parlement détiennent des portefeuilles. Le communisme est le prétexte parfait. Pourquoi croyez-vous qu'on se bat en Corée?

LE MINISTRE. Parfois les petites choses de la vie me manquent comme «Chéri, j'ai vu un collier à la boutique du bateau».

LE CAÏD. Sandro, on va chercher ton frère.

LE MINISTRE, *ignorant le Caïd.* Vous voulez donner les cartes, Alice.

ALICE, *au Caïd.* Restez avec nous, Caïd!

LE MINISTRE. Je ne crois pas que monsieur sache jouer au bridge!

ALICE. Un poker alors?

LE BIOGRAPHE. Mot magique!

LE MINISTRE. Bridge, Alice!

ALICE. La rumeur veut que vous soyez un redoutable joueur, Caïd !

LE BIOGRAPHE. Elle savait choisir les phrases.

LE DIPLOMATE. Tu sais jouer au poker, Sandro ?

SANDRO. Deux paires, brelan, quinte, couleur, main pleine, carré, quinte couleur et quinte royale.

LE MINISTRE. Bridge !

SANDRO, *au ministre.* Y a aussi le Black Jack.

LE DIPLOMATE. Faites-lui plaisir.

LE MINISTRE. Alice, donnez les cartes.

SANDRO, *à son père.* Dis oui ?

LE CAÏD. Tu choisis une de ces jeunes demoiselles et tu t'assois près d'elle.

SANDRO. Avec le diplomate !

LE DIPLOMATE. C'est lui qui insiste.

SANDRO, *mettant ses lunettes.* S'il te plaît ?

Sandro s'installe près du diplomate.

LE MINISTRE. On est trop de joueurs pour un bridge. Deux équipes de deux.

ALICE, *au Caïd.* Assoyez-vous près de moi.

Le Caïd s'assoit près d'elle.

LE DIPLOMATE. Les oiseaux ont mangé, Sandro?

SANDRO. Oui.

Alice brasse toujours les cartes.

LE BIOGRAPHE. Une partie de cartes s'engagerait. La femme du ministre gagnerait la première partie. Main pleine aux rois.

LE DIPLOMATE, *à tous*. Saviez-vous que l'alouette symbolise l'élan de l'homme vers la joie?

LE BIOGRAPHE. Ensuite, ce serait au tour du diplomate de ramasser la mise et ce, sans abattre ses cartes.

Willy et Jeremy servent le thé aux femmes et des liqueurs aux hommes.

WILLY. Tea, Madam?

ALICE. Cognac, comme ces messieurs.

LE MINISTRE. Vos médicaments, Alice. (*Au steward.*) Madame want a tea.

ÉLISABETH MÉNARD. Me too.

ÉLISABETH TURCOTTE. Me too.

ÉLISABETH PENINGTON. Me too.

ALICE. Cognac!

LE MINISTRE. Vous ne devriez pas prendre d'alcool avec vos médicaments.

LE DIPLOMATE. Sandro, tu n'oublies pas notre rendez-vous chez le tailleur?

LE CAÏD. Quel rendez-vous?

LE DIPLOMATE. Chez le tailleur. Demain, quatre heures.

SANDRO. Demain quatre heures.

LE DIPLOMATE. Chez le tailleur.

LE CAÏD. Qui t'a donné la permission?

SANDRO. Il faut lui demander.

LE DIPLOMATE. Donnez-nous votre permission, Caïd.

LE CAÏD. I'll have a whisky, please!

LE BIOGRAPHE. La chance tournerait en faveur du Caïd. Il gagnerait trois fois, coup sur coup.

JEREMY, *aux Élisabeth.* Cream? Sugar?

ÉLISABETH TURCOTTE. Me too.

ÉLISABETH PENINGTON. Me too.

ÉLISABETH MÉNARD. Me too.

ALICE. Comment vont nos amis italiens, Caïd?

LE CAÏD. Pardon?

LE MINISTRE. Vous devez confondre monsieur avec quelqu'un d'autre.

ALICE, *au Caïd.* Vous leur ferez nos amitiés. Du moins, à ceux qui sont encore en liberté. Leurs pots-de-vin vont nous manquer...

LE MINISTRE. Elle prend toujours un temps fou avant de donner les cartes.

SANDRO. C'est quoi un « pot-de-vin » ?

ALICE. Demandez à votre père.

Mademoiselle Lavallée entre en tenant un immense panache de chef indien.

ALICE. Vous nous préparez une surprise, Mademoiselle Lavallée ?

MADEMOISELLE LAVALLÉE. Je lui ai demandé de mettre son panache. Seulement pour ce soir. Il refuse. Ils refusent tous. J'ai beau leur expliquer que ça nous ferait très plaisir. J'ai beau leur dire qu'il y a des Belges à bord, des Français même des Britanniques, et que ça leur ferait des beaux souvenirs à raconter. Non. Aucune coopération.

Elle sort.

JEREMY. Cookies, cakes ?

LES TROIS ÉLISABETH. Me too !

LE MINISTRE. Comme ça, vous vous appelez toutes les trois Élisabeth ?

ÉLISABETH TURCOTTE. Élisabeth Turcotte.

ÉLISABETH MÉNARD. Élisabeth Ménard.

ÉLISABETH PENINGTON. Élisabeth Penington.

LE MINISTRE. Alice, vous saviez qu'elles étaient toutes les trois lauréates d'un concours?

ÉLISABETH TURCOTTE. Le concours était organisé juste pour les filles qui s'appelaient Élisabeth.

ÉLISABETH PENINGTON. Pis qui sont nées la même année que la reine.

ÉLISABETH MÉNARD. On est vingt et une sur le bateau.

LE MINISTRE. Vingt et une!

ÉLISABETH TURCOTTE. Les autres sont en classe touriste.

LE MINISTRE. Ah, bon!

ÉLISABETH PENINGTON. Y'avait un concours dans le concours. Y'en choisissait trois sur les vingt et une pour être en première classe.

ÉLISABETH MÉNARD. Nous autres, on est en surclassement.

ALICE. Ça se voit à l'oreille! Black Jack?

LE CAÏD. Il nous faut décider de la mise.

LE MINISTRE. Y pas de mise au bridge.

ÉLISABETH TURCOTTE. Les bourses pis les souliers, c'est fourni par Eaton.

ÉLISABETH MÉNARD. Les gants, c'est Simpson-Sears.

LE DIPLOMATE. On joue à quoi finalement?

SANDRO. On joue à décider du jeu!

LE DIPLOMATE. Tu veux un autre Coca-Cola, Sandro?

LE CAÏD. Non. Il en a assez bu!

Marguerite entre dans le salon des fumeurs avec ses partitions en main.

LE MINISTRE. Tu répétais, ma chérie?

MARGUERITE. Oui.

ALICE. C'est la reine qui va être contente!

LE MINISTRE. Quelque chose te contrarie?

MARGUERITE. C'est beaucoup de travail tout ça. Bonsoir.

TOUS. Bonsoir.

Elle sort.

SANDRO. C'est elle qui remplace mon frère. Ça veut dire quoi «pistonné»?

ALICE. Cette fois-ci, demandez à mon mari.

LE MINISTRE. Les cartes sont assez brassées, Alice.

ÉLISABETH PENINGTON. C'que je trouve de très très bien en première classe, c'est que tout le monde est poli.

ÉLISABETH MÉNARD. Tout l'monde se dit bonjour.

ÉLISABETH PENINGTON. Tout l'monde se parle avec des beaux mots.

ALICE. On sait jamais de qui on aura besoin demain.

ÉLISABETH MÉNARD. On dit que ça coûte très cher la première classe.

ALICE. Je ne sais pas. Une subvention!

LE MINISTRE. Les cartes, Alice!

ALICE. Vous êtes bien calme, Caïd?

LE CAÏD. Un peu de fatigue.

LE BIOGRAPHE. Cette révélation de la part du grand homme surprit tout le monde. Il y eut un silence.

LE DIPLOMATE. Les élections, c'est pour bientôt?

ALICE. Le premier ministre va nous gâcher notre été. Je me vois déjà suant dans un trou de province, dans une fête mariale quelconque, assise dans une charrette tirée par des chevaux, faisant des «tatas» aux colons. Quelle misère! Je me vois visitant les mourants dans les hôpitaux, essayant de leur arracher un vote, avant que les médecins ne leur arrachent l'âme. Je déteste les malades, ils ont l'air si... malades.

LE DIPLOMATE. La rumeur parle du mois d'août.

ALICE. Le dix !

LE MINISTRE, *explosant.* Alice !

ALICE. Les élections auront lieu le dix août !

LE MINISTRE. Alice et les dates ! Je suis le seul à me souvenir de notre anniversaire de mariage !

ALICE. C'est un truc pour me faire taire.

LE MINISTRE. Préfères-tu que je te dise tout simplement de te taire ?

Malaises. Alice brasse les cartes énergiquement.

ALICE. Me taire ? C'est ce que je fais depuis que nous sommes entrés en politique. J'étais sotte de croire que c'était une tribune pour ceux qui avaient des opinions.

LE MINISTRE. Donne les cartes !

ÉLISABETH MÉNARD. Y a aussi des beaux célibataires en première classe.

ALICE. S'il a de beaux yeux vous finirez dans un des ses bordels. S'il parle bien, vous finirez femme de ministre.

ÉLISABETH PENINGTON. J'aimerais beaucoup ça.

ALICE. Putain ou femme de ministre ?

ÉLISABETH PENINGTON. Femme de ministre !

ALICE. Tenir votre sac à main, une gerbe de fleurs, le programme de la journée, tout ça d'un seul bras, des heures durant, sans paralyser? Bailler élégamment lors des réceptions? Dormir l'œil ouvert pendant les discours? Passer vos journées à sourire bêtement? Développer une dépendance aux sandwichs de fantaisie? Vous émouvoir devant des cadets boutonneux qui vous remettent des bestioles empaillées? Avaler, sans grimacer, aussi bien une soupe esquimaude de phoque dans un bouillon de gras de baleine que des lanières de bisons séchés des Prairies Canadiennes? Tout ça, ça vous intéresse? Vous habiller à la mode outaouaise? Ça vous intéresse vraiment?

ÉLISABETH PENINGTON. Ben là...

ALICE. Avoir honte de votre richesse dans les quartiers démunis? Retenir vos larmes dans les orphelinats?

LE MINISTRE. Alice!

ALICE, *plus grave.* Jauger les autres et reconnaître rapidement quel rang ils occupent dans la société? Dans un seul regard, vous rendre complice des gens que vous détestez et ignorer ceux que vous aimez?

LE MINISTRE. Alice.

ALICE. Savoir vous servir au bon moment des mots qui blessent ou qui inspirent la crainte? Prendre plaisir à côtoyer les magouilleurs de canton, les patroneux d'arrière-pays?

LE MINISTRE. Ça va, Alice!

ALICE. Partager votre table avec la mafia locale?

LE MINISTRE. Viens.

ALICE. Vous servir de la démagogie de l'heure, flairer la piastre à faire, alimenter la rumeur? Mouiller dans les complots? User des vices d'une loi pour protéger vos intérêts?

LE MINISTRE. Bon, ça suffit!

ALICE. Ça vous intéresse? Jeune fille, vous finirez par trouver louche celui qui parle français et normal de recevoir votre salaire sur un chèque unilingue anglais.

LE MINISTRE. Nous allons changer tout ça.

ALICE. «Bientôt», on sait. Vous parlerez la langue des slogans officiels, celle qui maquille les controverses de l'histoire. — Discours social

LE MINISTRE. Nous allons prendre congé!

ALICE. Pourquoi? La partie vient de commencer!

LE MINISTRE. Un petit effort, Alice!

ALICE, *jetant les cartes par terre.* Depuis des années, Joseph, je suis à tes côtés la preuve vivante de tout ce que l'effort peut accomplir. Je me lève dans l'effort et je me couche dans l'effort. Chaque fois que je pousse la chaise roulante de notre reste de fils, chaque fois que je lui donne son bain, chaque fois que je le fais manger, je fais un effort, un effort patriotique. Je fais l'effort d'essayer d'oublier! Je fais l'effort de suivre la doctrine de ton parti; l'amnésie, coast to coast! Ton gouvernement a élevé la faculté d'oublier au rang des valeurs nationales. Ton gouvernement a réussi à nous faire croire que le massacre de Dieppe n'avait pas existé, que c'était juste une simple répétition générale pour un débarquement futur.

LE MINISTRE. À la guerre, on avoue jamais une défaite.

ALICE. Nous sommes mille deux cents mères canadiennes à avoir donné naissance à des figurants pour une répétition générale. Nos fils ne sont pas vraiment morts; ils répétaient!

LE MINISTRE. On comprend ta peine, mais ça fait onze ans.

ALICE. Onze ans que je me rappelle la grande bavure de l'état-major britannique. Onze ans que tu oublies. Il devait faire nuit, il faisait jour.

LE MINISTRE. Nos fils sont des héros.

ALICE. Il devait faire brouillard, il faisait soleil.

LE MINISTRE. Ils se sont battus pour le salut du monde.

ALICE. La plage devait être de sable, elle était de roches.

LE MINISTRE. Ils ne se sont pas cachés dans les clochers d'église, ni dans une course au mariage en épousant la première venue, encore moins derrière les discours des nationalistes.

ALICE. Savez-vous comment mes fils ont répété leur mort? Ils attendaient dans leur bateau avec six cents autres Canadiens français l'ordre de débarquer. Pendant que sur la plage les Ontariens, les Manitobains, les Néo-Écossais versaient déjà leur sang.

LE DIPLOMATE. Du haut des falaises, les Allemands maîtrisaient tout.

ALICE. Par miracle, une dizaine d'Ontariens ont réussi à franchir la plage et à entrer dans la ville. Aussitôt à l'abri, ils ont envoyé un court message radio au quartier général pour annoncer leur exploit. Mais là...

LE DIPLOMATE. La transmission radio a été brouillée pendant une ou deux secondes.

ALICE. Un ou deux mots.

LE DIPLOMATE. Le quartier général a mal compris. Le quartier général a compris que le régiment Ontarien au grand complet était entré dans Dieppe. Le quartier général a crû que le débarquement était un succès.

ALICE. Et là... ils ont donné l'ordre aux Canadiens français de débarquer.

LE DIPLOMATE, *troublé*. De sept heures à sept heures quinze du matin, en quinze minutes, des centaines de jeunes hommes... Tout ce qui bougeait sur la plage... Les Allemands tiraient même sur les cadavres, comme si on avait voulu nous tuer deux fois.

ALICE. Ceux que j'aimais, ceux que j'aimais...

LE MINISTRE. Oublie !

ALICE. J'ai enfanté Geoffroy, Gérard et Arthur pour aider Mackenzie King qui voulait aider Churchill qui voulait aider Staline. Staline qui avait déjà aidé Hitler et Staline qui aujourd'hui n'aide plus personne.

LE MINISTRE. Toutes ces choses dans ta tête... Si tu pouvais oublier, ma chérie. Viens. Viens prendre tes calmants. Viens !

ALICE. Nous avons une grande maison, un beau jardin. Nous savons boire du thé et jouer au bridge. Et c'est ça qui compte.

LE MINISTRE. Vous allez devoir nous excuser.

ALICE. Demain vous verrez. Je vais faire encore des blagues. Demain... Quand les médicaments n'arrivent plus à endormir les souvenirs, il m'arrive d'entendre au plus profond de moi, un puissant «Vive l'anarchie».

Elle sort.

LE MINISTRE. C'est une rebelle. Plus jeune, elle savait se contenir. Depuis la mort des enfants, l'alcool et les médicaments. Elle confond racontars et versions officielles. La nuit, elle dit que nos fils viennent la hanter. Moi, je ne veux pas savoir. J'ai besoin de ne pas savoir. J'ai besoin de dormir. C'est une rebelle. C'est pour ça que je l'ai toujours aimée. Bonsoir. (*Il sort. Un temps. Il revient.*) Je compte sur votre discrétion en ce qui concerne la date des élections.

Il sort.

SANDRO. Ça va, Jérôme?

LE DIPLOMATE, *ébranlé*. Quoi? Oui, ça va.

ÉLISABETH MÉNARD. J'ai su qu'y avait un orchestre à soir en classe touriste.

ÉLISABETH PENINGTON. Un orchestre?

ÉLISABETH TURCOTTE. En classe touriste?

ÉLISABETH MÉNARD. Des sambas, des chachas...

ÉLISABETH TURCOTTE. On peut pas y aller.

ÉLISABETH PENINGTON. Pourquoi?

ÉLISABETH TURCOTTE. On descend pas de classe comme ça.

ÉLISABETH MÉNARD. Juste pour un soir. Juste pour s'amuser.

LE DIPLOMATE, *sombre*. Les Allemands nous ont attachés par groupe de dix de telle sorte que pendant deux mois, on devait baisser les pantalons de notre voisin pour qu'il puisse faire ses besoins les plus élémentaires.

ÉLISABETH TURCOTTE. O.K.! On y va!

Elles sortent.

SANDRO. Vous avez dû beaucoup souffrir, Jérôme.

LE CAÏD. Sandro, c'est l'heure d'aller au lit.

SANDRO, *au diplomate*. Demain, quatre heures.

LE CAÏD. T'as pas la permission.

Sandro sort.

LE DIPLOMATE. Demain, quatre heures.* [Juste avant que le père n'abatte le couteau sur son fils... Une, deux secondes... Un ange arrêta sa main. Dieu lui assura une

---

* N.D.A. : Lors de la création, en accord avec le metteur en scène, ce passage a été supprimé. Je tenais à les conserver à l'édition.

grande prospérité. Le père s'appelait Abraham et le fils, Isaac.] Bonne nuit.

Le diplomate se retire.

LE CAÏD, *au biographe.* Page blanche! Laisser des pages blanches!

ÉPISODE 7

Sur le pont, le même soir.
Marguerite rejoint Hyacinthe.

MARGUERITE. Vous devriez rentrer.

HYACINTHE. Mon bonheur, c'est pour quand ?

MARGUERITE. Venez !

HYACINTHE. Je vous ai attendue toute la journée d'hier, toute la nuit et encore toute la journée. Je suis resté ici, sans bouger. Je suis resté ici pour que vous n'ayez pas à me chercher. Je vous ai attendue au froid, sans manger, toutes ces heures. Je me suis retourné des centaines de fois croyant entendre votre souffle. Là où je croyais sentir votre présence, il y avait des formes dans la brume qui m'invitaient à les suivre. Au crépuscule, c'était les flammes de l'horizon qui dansaient au dessus de ma tête. Ensuite, les chimères sont venues avec la noirceur de la nuit. La mer leur prêtait des voix obsédantes. Pour fuir toutes les hallucinations, je devais sauter dans le vide. Il n'y avait que vous pour m'en empêcher. Il n'y avait que vous pour la douceur. J'ai sauté dix fois, vingt fois et vous n'étiez pas là pour me retenir. Rien ! Que faisiez-vous durant tout ce temps ?

MARGUERITE. Je répétais.

HYACINTHE. J'ai passé toutes ces heures à revoir ma vie, à y effacer tout ce qui pouvait encore m'y rattacher.

MARGUERITE. Venez.

HYACINTHE. Je m'attendais au moins à une certaine considération de votre part si ce n'est par égard pour l'instant de plaisir musical que j'ai pu vous donner un jour.

MARGUERITE. Venez!

HYACINTHE. J'aurais souhaité plus de sympathie.

MARGUERITE. Venez!

HYACINTHE. J'ai même crû que la pitié vous donnerait prétexte à un certain empressement. Non. Rien! Vous pensiez à votre futur!

MARGUERITE. C'est ça.

HYACINTHE. Vous me trahissiez avec Chopin!

MARGUERITE. C'est ça.

HYACINTHE. Vous me décevez beaucoup!

MARGUERITE. Les victimes sont méchantes. Elles répètent sans cesse; regardez ce qu'on m'a fait. Regardez! Regardez! Et ça leur donne tous les droits. Elles deviennent tyrans. Elles gouvernent par ressentiment. Elles bâtissent des pays sur la faute de l'autre. Elles sont martyrs, dieux et infinis, et nous, on devient leurs esclaves. Dès qu'on jette un regard sur leurs yeux attristés, on se noie dans leurs larmes. Dès qu'on plonge nos mains dans leurs plaies, elles se cicatrisent en nous emprisonnant. J'ai un frère qui a perdu tous ses membres, une mère qui a perdu ses deux fils, un père qui a perdu ses illusions. Je connais toute la gamme qu'offrent les lamentations, tous les lourds silences. Dans ce domaine, vous, vous n'êtes qu'un amateur.

HYACINTHE. Je ne maîtrise pas encore mes effets de voix, ni mes sanglots. Ma rage est gauche et maladroite. Je vais raffiner tout ça. Comptez sur moi. Je suis très discipliné. Dès que j'aurai pris conscience de toutes les frustrations qui m'attendent. Petit macro, quêteux, grenouille de bénitier, ruine-babines, porteur d'eau, aboyeur : tant d'avenues s'offrent à moi.

MARGUERITE. Vous pouvez aussi tenter de pardonner.

HYACINTHE. Pardonner ?

MARGUERITE. Oui. Une fois que vous aurez pardonné, vous cesserez de vous punir.

HYACINTHE. Pardonner ! Ajouter l'humiliation à l'outrage ? Pardonner ! À qui ? Qu'est-ce que vous savez de moi ? Qu'est-ce que vous savez ? C'est lui qui vous envoie ?

MARGUERITE. Qui ?

HYACINTHE. Décidément, il peut tout s'offrir.

MARGUERITE. De qui parlez-vous ?

HYACINTHE. Il est prêt à mettre combien pour mon pardon ?

MARGUERITE. J'ai toujours crû au pardon. C'est tout.

HYACINTHE. C'est avec des idioties pareilles que vous comptez jouer Chopin? Chopin ne pardonne pas. Chopin souffre!

MARGUERITE. Alors, cessez d'être cynique et souffrez! Je veux des pleurs. Je veux des cris. Je veux que vos gémissements me touchent. Atteignez ma pitié. C'est bien ma pitié que vous cherchez? J'attends. Allez! Mettez-y un peu de votre légendaire talent. Rien? Rien! (*Temps.*) Cessez donc d'abuser ceux qui vous veulent du bien. Bonsoir!

Elle amorce sa sortie.

HYACINTHE, *sincère*. Pardonnez-moi. Je vous fais jouer un jeu méchant. Pardonnez-moi.

MARGUERITE. Pour se jeter dans le vide certains choisissent de faire vibrer les couleurs, d'autres les mots, d'autres les mouvements. Vous et moi, nous avons la musique. Elle peut vous consoler. Pas celle qu'il y avait dans vos mains; celle qui est encore en vous. Venez. On va passer par les cuisines. On vous commandera un plat chaud. Après on jouera aux cartes avec les autres. Je tiendrai les cartes pour vous.

HYACINTHE. Décidément, vous êtes d'un tact!

MARGUERITE. Ensuite, vous me ferez répéter jusqu'à l'aube.

HYACINTHE. Marguerite... Croyez-vous qu'une femme peut encore s'intéresser à moi?

MARGUERITE. Je crois. Venez. Un plat chaud.

HYACINTHE. Une femme! Pas une infirmière!

MARGUERITE. La beauté, c'est quelque chose d'intérieur.

HYACINTHE. Collégienne.

MARGUERITE. Faites vôtre ma conquête du monde.

HYACINTHE. Je ne serais même pas bon pour tourner les pages de vos partitions.

MARGUERITE. Venez.

HYACINTHE. Laissez-moi.

MARGUERITE. Je ne reviendrai pas, Hyacinthe.

Marguerite se retire. Elle croise le biographe et sort.

LE BIOGRAPHE. Elle avait le regard triste. Le regard de la défaite.

HYACINTHE. Vous pouvez réinventer la vie de mon père. Réinventez la mienne!

LE BIOGRAPHE. Les passagers, les membres d'équipage, tous demandèrent au pianiste de se mettre à l'abri. Il était à nouveau le centre du monde.

HYACINTHE. Pas ça.

LE BIOGRAPHE. Le miracle s'accomplit; le pianiste recouvra l'usage de ses mains?

HYACINTHE. Pas ça non plus.

LE BIOGRAPHE. La pianiste lui jura un amour éternel?

HYACINTHE. Écrivez que j'ai pardonné à mon père. Écrivez comment, par quels tourments, j'en suis arrivé à lui pardonner. Inventez les circonstances. Inventez que j'ai été magnanime. Donnez les détails. Écrivez l'inimaginable.

LE BIOGRAPHE. Une histoire de pardon? Je travaille pour votre père, pas pour vous. (*Hyacinthe quitte le pont.*) Là-bas, au bout de l'horizon, on voyait poindre le jour.

ÉPISODE 8

Empress room.
Sandro est poursuivi par Jeremy et Willy.

WILLY. Come here! You cheated!

SANDRO. J'ai pas triché.

JEREMY. You droped two cards on the floor!

WILLY. Give our money back!

SANDRO. Je l'ai gagné!

JEREMY. Give our money!

SANDRO. Pas question.

LE DIPLOMATE, *entrant avec une immense boîte.* Qu'est-ce qui se passe?

WILLY. We were playing poker and this young gentleman cheated, sir.

JEREMY. ...with two hiden cards, sir.

SANDRO. Juste une. Y faut pas les écouter!

LE DIPLOMATE. I'm surprised to learn than the crew had the permission to play poker on board.

JEREMY. It's forbiden, sir.

WILLY. But, this young gentleman cheated, sir.

LE DIPLOMATE. Il a triché et puis... On triche tous un peu. Les gens de notre classe trichent. C'est même un de nos privilèges. Tenez!

Il leur présente un généreux pourboire.

WILLY. No, thank you, sir.

LE DIPLOMATE. Sure?

JEREMY. Sure.

Les stewards quittent.

SANDRO. Sans vous, je serais mort.(*Le diplomate présente l'habit.*) Mon habit? Magnifique! Splendide! Mon premier habit d'homme!

LE DIPLOMATE. Il te plaît?

SANDRO. C'est le plus bel habit de ma vie.

LE DIPLOMATE. Tu vas faire tomber toutes les filles.

SANDRO. Toutes les filles!

LE DIPLOMATE. Elles vont te trouver très beau.

SANDRO. Le plus beau.

LE DIPLOMATE. Touche comme c'est soyeux.

Sandro caresse l'habit.

SANDRO. C'est soyeux.

LE DIPLOMATE. Elles vont apprécier toute la lumière qui se dégage de ton visage.

Le diplomate caresse furtivement le visage de Sandro.

SANDRO, *au diplomate.* Je vais l'essayer.

LE DIPLOMATE. Bientôt.

SANDRO. Quand?

LE DIPLOMATE. Quand tu auras eu la permission de ton père.

SANDRO. Pas besoin.

LE DIPLOMATE. Dès que tu auras sa permission, tu viendras à ma cabine et là, tu pourras l'essayer.

SANDRO. Ça va être compliqué.

LE DIPLOMATE. Demande-lui ce soir.

SANDRO. Ça va être compliqué.

LE DIPLOMATE. Je peux lui demander à ta place, si tu veux?

SANDRO. Oui. C'est ça. Allez lui demander.

LE DIPLOMATE. À plus tard.

SANDRO. À plus tard. Bonne chance.

Le diplomate sort.

ÉPISODE 9

On entend la corne de brume aux trente secondes.
Pont des premières classes.

LE BIOGRAPHE. Océan Atlantique, latitude 50, longitude
266 ouest. Le centre du monde. Fin de la troisième journée. (*Le Caïd rejoint le biographe sur le pont.*) C'est devenu
une habitude d'attendre ce diplomate. La brume. Le vent.
Le froid. C'est sinistre comme endroit.

À la piscine.
Marguerite en costume de bain entre à la piscine. Hyacinthe l'a
suivie.

HYACINTHE. Je ne voulais pas vous effrayer. On m'a dit
que vous étiez à la piscine. J'avais quelque chose d'important, non... Quelque chose d'urgent à vous dire. Ce n'est
peut-être pas l'endroit, ni le moment...

MARGUERITE. Si c'est urgent.

HYACINTHE. Voilà. Première chose à se rappeler : Chopin
a été l'un des premiers à laisser toute la place au soliste.
L'orchestre ne fait qu'appuyer la mélodie du soliste. Vous
êtes prête ? On va jouer le concerto.

MARGUERITE. Y'a un piano dans le salon des fumeurs.

HYACINTHE. Non. Ici. Racontez. Allez, au début...

MARGUERITE. Au début, ça commence par les violons.

HYACINTHE. Racontez mieux que ça.

MARGUERITE. Au début, les cordes appellent le piano.

HYACINTHE. Qu'est-ce que vous voyez?

MARGUERITE. Je vois l'orchestre.

HYACINTHE. Non. Qu'est-ce que la musique vous inspire?
Qu'est-ce qu'elle vous fait voir?

MARGUERITE. Y'a une femme. (*Temps.*) Elle est seule.

On entend la musique du deuxième mouvement du Concerto
n° 1. pour piano *de Chopin.*

HYACINTHE. Ensuite.

MARGUERITE. Elle est de dos.

Temps.

HYACINTHE. Le décor maintenant.

MARGUERITE. Tout ce qui l'entoure est aride.

Temps.

HYACINTHE. Qu'est-ce qu'elle fait?

MARGUERITE. Elle attend.

HYACINTHE. Romanze, larghetto.

MARGUERITE. Elle attend quelqu'un.

HYACINTHE. Sentez bien les images.

MARGUERITE. Une silhouette apparaît devant elle.

HYACINTHE. C'est quoi? C'est qui? (*Ils se regardent.*) Maintenant, déposez vos mains sur le clavier.

Temps.

MARGUERITE. Et là, on entend le souffle de tout l'orchestre qui épie en silence.

HYACINTHE. C'est un amour adolescent qui a inspiré les adagios des deux concertos. (*Temps.*) J'ai donné mon premier vrai concert à onze ans.

LE CAÏD, *sur le pont.* J'avais invité toute la belle société de Montréal. C'était la première fois que je l'entendais jouer. Il était envahi par quelque chose qui me dépassait.

HYACINTHE. À la fin du premier mouvement, juste avant de reprendre, j'ai entendu quelqu'un applaudir et crier « bravo, bravo! »

LE CAÏD, *sur le pont.* Bravo! Bravo!

MARGUERITE. Votre père applaudissait entre les mouvements?

LE CAÏD, *sur le pont.* J'ai appris plus tard que ça se faisait pas.

MARGUERITE. Vous deviez être mal à l'aise ?

HYACINTHE. Un peu. Lui, il était tellement fier.

LE CAÏD, *sur le pont.* Toute la salle s'est mise à applaudir avec moi.

MARGUERITE. Toute la salle ?

LE CAÏD. Y'avaient pas le choix.

HYACINTHE. Il m'a refait le coup à chaque mouvement.

LE CAÏD, *sur le pont.* Ça, je veux que ce soit écrit.

MARGUERITE. On parle encore de vous au conservatoire. On dit que Chopin aurait été touché de vous entendre jouer.

HYACINTHE. Il m'a déjà entendu.

Ils se regardent en silence.

MARGUERITE. Dites-moi quelque chose de gentil.

HYACINTHE. Je te trouve belle.

Il la prend dans ses bras.

MARGUERITE. Tu voudrais enlever tes gants ?

Il enlève un gant.

HYACINTHE. Tu vois, ça fait trois fois qu'on me casse les phalanges d'ici pour les remettre droites et là...

Elle lui baise les mains.

MARGUERITE. Pianissimo.

HYACINTHE. Je sens rien.

MARGUERITE. On peut essayer tes lèvres?

HYACINTHE. On peut essayer!

Ils s'embrassent.

SUR LE PONT

LE CAÏD. La nuit dernière, je me suis réveillé. J'étais tout en sueur. Y avait un grand silence sur le bateau, comme si les moteurs s'étaient arrêtés. Je me suis dit que le bateau avait peut-être heurté quelque chose, que l'eau montait peut-être juste en dessous de nous. Je me disais, bientôt, y aura des cris. Les sirènes nous diront d'évacuer. Les mères chercheront leurs enfants. On les piétinera dans les escaliers. Les lumières s'éteindront et dans la noirceur de l'océan... J'étouffais! J'étouffais dans mon lit! Je me disais; lève-toi, va chercher tes fils. Ouvre toutes les portes des cabines et retrouve-les. Alors, je me voyais me lever et chercher mes fils. J'ouvrais les portes. Des dizaines, des centaines de portes. De chaque cabine sortaient des cadavres sur des flots d'eau glacée, des cadavres qui flottaient sur le ventre. Je les retournais. C'était toujours le visage d'un inconnu qui apparaissait. Jamais Hyacinthe. Jamais Sandro. J'avançais dans l'eau glacée mais je ne sentais pas le froid. J'avais les mains écorchées par des morceaux de verre mais je ne sentais pas mes blessures. Et je criais; «Je ne sens rien. Je ne sens rien. Je voudrais sentir quelque chose. Quelque chose. Je ne sens rien.» J'étouffais dans mon lit. J'étouffais. C'est alors que je me suis levé pour de vrai. Je suis sorti de la cabine et je me suis rendu dans le grand salon. Tout était calme. Tout était normal. Le personnel faisait le ménage. Ils se sont arrêtés et ils m'ont regardé. Dans leurs yeux, j'ai vu mon air ahuri. J'ai vu mes mains qui tremblaient. C'est alors que je me suis souvenu qu'on m'avait toujours respecté parce que je ne ressentais rien. Et qu'il me fallait poursuivre cette bonne habitude.

LE DIPLOMATE, *entrant.* Bonsoir! Vous prenez les passeports ou je les donne à l'océan?

Il élève son bras pour les jeter à la mer.

LE BIOGRAPHE. Une, deux secondes.

LE CAÏD. Donnez-les moi!

LE DIPLOMATE, *en remettant les passeports.* Voici celui de James. Voici celui de Martin.

LE CAÏD. Le mien?

LE DIPLOMATE. Sandro vous remettra le vôtre demain matin, au lever du jour.

LE CAÏD. Elle a dix-sept ans. Sa Germaine, elle a dix-sept ans.

LE DIPLOMATE. J'en sais déjà beaucoup plus que vous.

LE CAÏD, *au diplomate.* Faites-le boire.

LE DIPLOMATE. Pardon?

LE CAÏD. Saoulez-le avant. S'il vous plaît.

LE DIPLOMATE, *saluant*. Messieurs.

Il sort.
Corne de brume.

LE BIOGRAPHE. Malgré le vent, le froid, la brume, nous sommes restés une autre heure sur le pont. (*Au Caïd.*) Je vais rentrer, Monsieur.

LE CAÏD. Je vous rejoins.

LE BIOGRAPHE. Je vais terminer votre biographie cette nuit.

LE CAÏD. Je nous commande une bouteille de whisky?

LE BIOGRAPHE. Je n'ai plus besoin de vous.

LE CAÏD. C'est quand même ma vie!

LE BIOGRAPHE. Votre vie? On en est arrivés à un tel point dans la fiction que la réalité ne m'est plus d'aucune utilité. Je vais terminer seul.

LE CAÏD. Ça va être quoi ma disparition?

LE BIOGRAPHE. J'écrirai que vous êtes tombé à la mer.

LE CAÏD. J'aime ça.

LE BIOGRAPHE. À la suite d'une bataille avec un diplomate qui voulait abuser votre fils.

LE CAÏD. Je n'aime pas ça.

LE BIOGRAPHE. Pour l'heure, j'ai une histoire de pardon à écrire. Vous voulez savoir comment elle commence ?

LE CAÏD. Non. Bonne nuit.

Il sort.

LE BIOGRAPHE. Vous devriez être au lit. (*Temps.*) J'allais sortir. (*Temps.*) Sortir ? Pour aller où ? (*Temps.*) J'étais inquiet de toi. (*Temps.*) De moi ? (*Temps.*) J'ai dansé !

ÉPISODE 10

L'Empress room.
Le Caïd termine une bouteille de whisky. Il est vêtu aussi chaudement qu'il l'était sur le pont l'épisode précédent.

HYACINTHE, *entrant.* Vous devriez être au lit.

LE CAÏD. J'allais sortir.

HYACINTHE. Sortir ? Pour aller où ?

LE CAÏD, *mentant.* J'étais inquiet de toi.

HYACINTHE. De moi ? J'ai dansé.

LE CAÏD. Toi ?

HYACINTHE. Étrange, hein ?

LE CAÏD. Depuis quand tu sais danser ?

HYACINTHE. Depuis ce soir. J'peux prendre un verre avec vous ? La tête me tourne. J'aime ça. J'ai pas l'habitude de tout ça.

LE CAÏD. La danse, l'alcool ? On va finir par faire de toi un homme.

HYACINTHE. Après la danse, on s'est trouvé un piano. Elle est pianiste. Elle a joué. Un peu scolaire, mais ça s'écoute. Elle a dit que je lui ferais un bon professeur.

LE CAÏD. Tu jacasses comme une fille. Elle est jolie?

HYACINTHE. Oui.

LE CAÏD. Bon, y faut que j'y aille.

HYACINTHE. Où ça?

LE CAÏD. Hein?

HYACINTHE. Où est-ce que vous allez? C'est l'aube.

LE CAÏD. C'est vrai. C'est l'aube.

HYACINTHE. Ça va, papa?

LE CAÏD. J'ai ton nouveau passeport. (*Il lui remet.*) Range-le bien. Comme ça t'as dansé?

HYACINTHE. Oui. Des danses latino-américaines.

LE CAÏD. Elle est jolie, tu m'as dit?

HYACINTHE. Oui.

LE CAÏD. Tu lui as rien promis?

HYACINTHE. Non.

LE CAÏD. Faut rien promettre aux femmes. T'oublies pas qu'à Londres, on va disparaître.

HYACINTHE. J'oublie pas. (*Lisant dans son passeport.*) «James Peacock». On va être heureux là-bas.

LE CAÏD. Oui.

HYACINTHE. On recommence en neuf?

LE CAÏD. C'est ça.

HYACINTHE. Des nouveaux noms. Des nouvelles vies.

LE CAÏD. Ton passeport, c'est ce que t'as de plus précieux.

HYACINTHE. On pardonne tout et on oublie.

LE CAÏD. Non, Hyacinthe! (*Temps.*) Donne ton pardon à personne. Encore moins à ceux qui regrettent rien. Pas de regret : pas de pardon! Plus tu gardes ton pardon, plus tu gardes ton autorité. Pardon donné, respect envolé.

HYACINTHE. Je vous pardonne pour mes mains, papa.

HYACINTHE. Ils t'ont pas frappé la tête à ce que je sache! Comment est-ce que tu peux pardonner? Moi qui pensais que t'avais de l'orgueil! Y'a pas de regret : y'a pas de pardon. Y'a le destin. C'est tout. Y'a les gagnants, les perdants. Les puissants, les soumis. Vivre, c'est juste essayer de s'inventer des nuances.

HYACINTHE. Je passerai pas ma vie à vous détester.

LE CAÏD. Ton destin, Hyacinthe, c'est de me détester. Pères et fils, on est faits pour ça. On se déteste, on se trahit, on se juge, on s'ignore mais on se pardonne rien. Plus tard, tes fils vont se sacrer de tout ce que t'auras fait pour eux.

Tu voudras l'avenir ; eux, ils voudront le passé. Ils vont s'amuser à gaspiller tout ce que t'auras bâti.

HYACINTHE. On pourrait pas essayer autre chose ?

LE CAÏD. Tu veux me changer ? J't'ai promis une nouvelle vie, pas un nouveau père ! Regarde mes rides, Hyacinthe ! Il doit y en avoir une ou deux qui te disent que je suis méprisable.

HYACINTHE. Je veux voir autre chose.

LE CAÏD. Arrête !

HYACINTHE. Je vous pardonne !

LE CAÏD. Arrête ! Tu sais ce que j'ai fait ? Tu sais ce que j'ai fait ? J'ai donné ton frère. Pour nos passeports, j'ai donné Sandro au diplomate. C'est assez pour te faire ravaler ton pardon, ça ?

HYACINTHE. J'comprends pas.

LE CAÏD. J'ai donné Sandro pour sauver nos vies. C'est ce qu'il fallait faire. C'est ce qu'il fallait mais c'est méprisable.

HYACINTHE. J'comprends pas. Où il est Sandro ?

LE CAÏD. Avec le diplomate !

HYACINTHE. Qu'est-ce qu'il fait avec un diplomate en pleine nuit ?

LE CAÏD. Ravale ton pardon !

HYACINTHE, *réalisant.* C'est quoi le numéro de la cabine du diplomate ?

LE CAÏD. Ravale ton pardon !

HYACINTHE. C'est quoi le numéro de sa cabine ?

LE CAÏD. Ravale ton pardon !

HYACINTHE, *hurlant.* Sandro ! Sandro !

Il sort.

ÉPISODE 11

Jeremy est près d'un tourne-disque. Il y a une chaise droite au centre de la pièce.

MADEMOISELLE LAVALLÉE, *armée d'un porte-voix.* La reine va se tenir près du simple siège du couronnement, vieux de six cent cinquante ans. Le marquis de Salisbury va s'avancer avec le glaive de l'État. L'archevêque de Canterbury va l'offrir à la reine. Ensuite, on va apporter le globe scintillant. Après, l'archevêque va prendre la couronne de saint Édouard et va la déposer sur la tête de la reine. À ce moment, tous les invités diront : « God save the Queen ». Ensuite, il y aura la procession. Dès que la reine s'approchera de vous, devenez dignes. C'est très facile. Elle dégage le respect. Quand elle passera devant vous, vous ferez votre révérence. Les hommes ?

LE MINISTRE. On incline la tête.

MADEMOISELLE LAVALLÉE. Les femmes ?

LES FEMMES. On offre notre main au monsieur qui se tient près de nous. On prend un des pans de notre robe, on s'appuie sur une jambe, on plie, on incline la tête, on garde les yeux baissés...

ALICE. Et si on pouvait disparaître dans le plancher, on le ferait.

ÉLISABETH PENINGTON. D'un coup qu'a'passe pas devant nous autres?

ALICE. Chère amie, dès que vous ouvrez la bouche, j'ai l'impression qu'on est déjà de retour à la maison.

MADEMOISELLE LAVALLÉE. Rassurez-vous. Y'aura bien une princesse Margaret ou un prince Philip qui passera par là.

ÉLISABETH PENINGTON. Ou une reine mère!

ÉLISABETH TURCOTTE. Ou un prince Charles.

ÉLISABETH MÉNARD. Une princesse Anne.

ÉLISABETH PENINGTON. Une princesse Marina.

MADEMOISELLE LAVALLÉE. Une princesse Alexandra.

ÉLISABETH MÉNARD. Un duc de Kent.

ÉLISABETH TURCOTTE. Une duchesse de Kent.

ALICE. Enfin, un reste de quelque chose devant lequel on devra de toute façon s'incliner.

MARGUERITE, *entrant*. Pardonnez-moi. Je répétais.

ALICE. Nous aussi.

LE MINISTRE. Bon! Quand est-ce qu'on mange?

ÉLISABETH MÉNARD. Elle a dit qu'on devait attendre.

MADEMOISELLE LAVALLÉE. Vous irez prendre le petit déjeuner aussitôt la répétition terminée.

LE MINISTRE. Mais qu'est-ce qu'on attend?

MADEMOISELLE LAVALLÉE. On attend la fin de la répétition.

LE MINISTRE. C'est la deuxième fois qu'on répète tout. Les révérences et toute la cérémonie!

ALICE. Si la famille royale tombe malade, on est bons pour la remplacer.

LE MINISTRE. On dirait qu'on fait du temps.

ALICE. Mademoiselle Lavallée?

MADEMOISELLE LAVALLÉE. Oui, Madame Gendron?

ALICE. Est-ce qu'on fait du temps?

MADEMOISELLE LAVALLÉE. Un peu, oui.

LE MINISTRE. Pas à cause des Indiens?

MADEMOISELLE LAVALLÉE. Ils sont en train de mettre leur costume et...

LE MINISTRE. C'est pas possible!

MADEMOISELLE LAVALLÉE. On va reprendre une dernière fois. Au cas où ils se décident à venir.

LE MINISTRE. C'est la dernière fois!

MADEMOISELLE LAVALLÉE. Mademoiselle Marguerite, vous allez personnifier la reine.

ÉLISABETH MÉNARD. Chanceuse!

MARGUERITE. Je ne sais pas...

LE MINISTRE. Oui, tu sais!

ÉLISABETH TURCOTTE. Y paraît que le maquillage de la reine y faut qu'y soit parfait.

ÉLISABETH MÉNARD. Y faut qu'y matche avec l'éclairage jaune de l'abbaye.

ÉLISABETH PENINGTON. Pis l'éclairage rose de son carrosse.

ÉLISABETH TURCOTTE. Y faut qu'y soit assez fort pour les photos en noir et blanc.

MADEMOISELLE LAVALLÉE. Mais pas trop pour celles en couleur.

LE MINISTRE. Est-ce qu'on peut reprendre?

ÉLISABETH TURCOTTE. Pis y'a la télévision pis y'a le cinéma.

MADEMOISELLE LAVALLÉE. Ils ont même fait des test sur une jeune fille.

ÉLISABETH MÉNARD. Y paraît qu'elle a le même genre de peau que la reine.

ÉLISABETH PENINGTON. La même forme de face.

ÉLISABETH MÉNARD. C'te fille-là, c'est le Jack pot qu'elle a gagné.

ÉLISABETH TURCOTTE. Le Jack pot!

LE MINISTRE. Moi, je vais déjeuner!

MADEMOISELLE LAVALLÉE. On reprend!

ALICE, *riant.* Quelle impatience, Joseph!

MADEMOISELLE LAVALLÉE. Allez, Mademoiselle Gendron, vous nous faites la reine!

MARGUERITE. Qu'est-ce que je dois faire?

MADEMOISELLE LAVALLÉE. La reine va se tenir près du simple siège du couronnement, vieux de six cent cinquante ans. Le marquis de Salisbury va s'avancer...

LE MINISTRE, *exaspéré.* Va à cette chaise, mets cette chose sur ta tête et passe devant nous.

MADEMOISELLE LAVALLÉE. Monsieur le ministre, vous allez faire l'archevêque.

LE MINISTRE. Le pape, si ça peut accélérer les choses!

MADEMOISELLE LAVALLÉE. Y'a pas de pape chez les anglicans...

LE MINISTRE, *de plus en plus impatient.* C'ÉTAIT UNE BLAGUE, MADEMOISELLE LAVALLÉE! UNE BLAGUE!

ALICE, *riant.* Joseph!

LE MINISTRE. J'AI FAIM !

MADEMOISELLE LAVALLÉE, *au porte-voix*. Tout est en place ? Bon, on va pouvoir y aller. Ça va être merveilleux. Tout le monde est prêt ?

TOUS. Oui.

MADEMOISELLE LAVALLÉE. On y va ! Willy, start the music !

JEREMY. I'm Jeremy, madam.

LE MINISTRE. Jeremy, start the music !

JEREMY. Yes, sir !

Jeremy fait jouer le « God Save the Queen ».

MADEMOISELLE LAVALLÉE, *au porte-voix*. Allez-y, Monsieur le ministre. (*Le ministre dépose la chose qui tient lieu de couronne sur la tête de Marguerite.*) God save the Queen !

TOUS, *sauf Alice*. God save the Queen !

MADEMOISELLE LAVALLÉE, *au porte-voix*. Vous êtes émouvante en reine, Mademoiselle Gendron.

ÉLISABETH TURCOTTE. C'est vrai que vous êtes belle en reine.

MADEMOISELLE LAVALLÉE, *au porte-voix*. On parle à la reine seulement si elle nous a adressé la parole.

LE MINISTRE. On poursuit !

MADEMOISELLE LAVALLÉE, *au porte-voix*. À vous, Mesdemoiselles Élisabeth. La main, la robe, la jambe, les yeux. Parfait. On dirait que vous avez fait ça toute votre vie. (*Marguerite passe devant les passagers.*) Maintenant la révérence, Monsieur le ministre. Parfait ! Un vrai professionnel de la révérence !

LE MINISTRE. C'est vraiment pas le moment, Mademoiselle Lavallée.

MADEMOISELLE LAVALLÉE. C'était une blague, Monsieur le ministre ! À vous, Madame Gendron ! Allez, la main... La main, Madame Gendron.

LE MINISTRE. La main, Alice !

MADEMOISELLE LAVALLÉE, *au porte-voix. Alice ne bouge pas.* Madame Gendron, c'est à vous ! C'est la reine !

ALICE. Non. C'est ma fille !

MADEMOISELLE LAVALLÉE, *au porte-voix*. Oui, mais elle joue la reine.

ALICE. Oui, mais c'est ma fille.

MADEMOISELLE LAVALLÉE. Jeremy, stop the music !

JEREMY. Yes, madam.

James arrête la musique.

LE MINISTRE. Qu'est-ce qu'il y a encore ?

ALICE. Je ne veux pas que notre fille soit reine d'Angleterre.

LE MINISTRE. Alice!!! Jusqu'où veux-tu pousser le ridicule ce matin?

ALICE. J'avoue que ça va être difficile d'aller plus loin. On réussit déjà à faire du grand guignol sur de la mascarade!

LE MINISTRE. Alice, dans toute ma carrière, y'a pas un membre de l'opposition qui m'a fait chier comme tu m'as fait chier depuis notre départ de Montréal. Alice, tu m'as puisé plus d'énergie qu'il en faut pour subir toute une campagne électorale. Alice... Alice... Alice... J'ai dû user la patience de tous les passagers à force de répéter ton nom.

MADEMOISELLE LAVALLÉE. Maintenant, on reprend!

LE MINISTRE. Je parle à ma femme!

MADEMOISELLE LAVALLÉE. On reprend!

LE MINISTRE. Non, on ne reprend pas!

MADEMOISELLE LAVALLÉE. Vous avez des responsabilités, Monsieur le ministre!

LE MINISTRE. Parlons-en de mes responsabilités! Mes amis s'informent de la santé du premier ministre avant de prendre des nouvelles de la mienne. Pour garder le pouvoir, je m'abîme constamment dans des compromis qui vont à l'encontre des acquis de mes ancêtres. Mon gouvernement s'en va défendre l'autonomie de notre pays auprès de l'Angleterre pour mieux la vendre aux Américains. Je fais semblant que j'aime tout le monde alors que je déteste presque tout le monde!

ALICE. Je fais partie de ces gens-là, Joseph?

LE MINISTRE. Quoi ?

ALICE. Je fais partie des gens que tu détestes ?

LE MINISTRE, *touché*. Toi ? (*Temps.*) De toutes les vérités que je connaisse, il n'y en a qu'une dont je n'ai jamais eu honte ; je t'aime, Alice.

ALICE. Paroles de politicien.

MADEMOISELLE LAVALLÉE. Y'a des lieux pour ces choses !

ALICE. Joseph, j'avale tes belles déclarations comme j'avale mes tranquillisants ?

MADEMOISELLE LAVALLÉE. On reprend !

LE MINISTRE. Mademoiselle Lavallée, allez voir ailleurs ce que vous pouvez y faire.

MADEMOISELLE LAVALLÉE. D'accord ! Très bien ! Parfait ! (*Au porte-voix.*) Le petit déjeuner est servi !

Elle sort.

ÉLISABETH TURCOTTE. On va déjeuner en classe touriste.

ÉLISABETH MÉNARD. J'espère qu'il va y avoir des jeux, comme hier.

ÉLISABETH PENINGTON. Non, on reste en première classe.

ÉLISABETH MÉNARD. C'est plusse le fun en classe touriste.

Elles sortent.

LE MINISTRE. On va déjeuner, nous aussi.

ALICE. Tu vas quitter la politique, Joseph?

LE MINISTRE. Pour l'instant, on va déjeuner.

ALICE. Oui ou non?

LE MINISTRE. On déjeune à la carte ou on prend le buffet? Tu nous rejoins, Marguerite?

Il sort.
Silence.

ALICE. Tu nous rejoins, Marguerite?

Elle sort.

MARGUERITE, *distraite*. Oui. Oui.

Hyacinthe entre. Il porte les mêmes vêtements que la veille. Il a l'air perdu, fatigué. Il est profondément troublé...

MARGUERITE. Je t'ai attendu pour ma leçon.

HYACINTHE. Ta leçon?

MARGUERITE. J't'ai attendu deux bonnes heures. Où étais-tu?

HYACINTHE. Y'aura pas de leçon.

MARGUERITE. Quoi?

HYACINTHE. Y'aura plus de leçon.

MARGUERITE. Imprévisible, comme l'océan.

HYACINTHE. Je suis venu te dire que tout ce que tu as dit sur le pardon, c'était idiot. Ça sert à rien de pardonner. On peut pas oublier. Ça donne à ceux à qui on pardonne la permission de recommencer les mêmes erreurs. C'est tout. J'ai été stupide de t'écouter. À cause de toi, je me suis fait humilier comme jamais quelqu'un s'est fait humilier.

MARGUERITE. À cause de moi?

HYACINTHE. J'étais là, devant lui...

MARGUERITE. Devant qui?

HYACINTHE. J'étais prêt à lui parler de moi, à l'écouter se raconter, lui. Pour un instant, j'étais prêt à refaire le monde avec lui.

MARGUERITE. De qui parles-tu? Réponds!

HYACINTHE. Pour un instant, j'étais son héritier. J'étais caïd des caïds, comme lui. Tout nous était possible. Pour un instant, j'étais son fils. Et c'est là que j'ai pardonné. J'ai prêté le flan et lui... il m'a abattu. (*Ironiquement.*) Le saint infirme pardonnant à son bourreau. J'ai tout confondu. Ma rage, ta tendresse, son ambition. Là, où il n'y avait que ma peine.

MARGUERITE, *allant vers lui*. Hyacinthe!

HYACINTHE, *s'éloignant d'elle*. J'ai été stupide de t'écouter.

Silence.

MARGUERITE, *ébranlée.* Je vais répéter.

HYACINTHE. Répéter quoi?

MARGUERITE. On approche des côtes anglaises. Je n'ai plus beaucoup de temps avant mon concert.

HYACINTHE. Concert?

MARGUERITE. Chopin.

HYACINTHE, *cynique.* Oui. Va répéter. J'ai peur effectivement que tu manques de temps pour jouer au moins un Chopin qui soit, au plus, honnête.

MARGUERITE. C'est cruel!

HYACINTHE. Et toi, t'es pas cruelle? Tu me parles constamment de musique; la seule chose que je me dois d'oublier. Tu méprises les victimes mais pour ce qui est de les charogner. C'est en cette matière que tes conseils seraient les plus judicieux.

MARGUERITE. C'est odieux.

HYACINTHE. Une adolescente en mal de sensation me dit de pardonner et je l'écoute! Pour quelques baisers! Une remplaçante en plus... Ma déchéance est vraiment commencée.

MARGUERITE. C'est méchant.

HYACINTHE. Mon père a raison sur une seule chose ; faut faire affaire avec les putains. À part leur salaire, elles vous demandent rien d'autres.

MARGUERITE. Tu me fais mal, Hyacinthe.

HYACINTHE. T'as mal ? Essaie donc de me pardonner maintenant ?

MARGUERITE. J'ai mal.

HYACINTHE. Continue à avoir mal ! Ça va peut-être t'aider à comprendre Chopin !

Elle quitte.

when / you resent, you judge and interpret but you do it with your suffering, deception and hatred. Your wounds are like a screen that blocks the vision of the world.

- parler c'est essayer de s'endormir ou souffrance
  † médicaments *

- il est opprimé et isolé et que le monde alentours ne veut que du mal

- Pathos être la difficulté à communiquer
  - Québec a beaucoup de difficulté à expliquer pourquoi elle veulent pendre...
- ressentiment est pour intimidé

ÉPILOGUE

Pont des premières classes.
Soleil.
Flanqué de Sandro, le Caïd, sa biographie en main, scrute l'horizon. Sandro porte son nouvel habit.

SANDRO. 97 720 livres de farine, 36 000 livres de sucre.

LE CAÏD. T'as vu? C'est l'Angleterre là-bas.

SANDRO. 13 860 livres de lait en poudre.

LE CAÏD. C'est notre nouveau pays.

SANDRO. 5 240 de fromage, 6 555 de café.

LE CAÏD. On va se faire une nouvelle vie.

SANDRO. 3 560 de thé.

LE CAÏD. T'empestes l'alcool! C'est ta première cuite, hein?

SANDRO. 78 150 livres de bœuf.

LE CAÏD. J'vais t'apprendre à boire.

SANDRO. 6 105 de veau.

LE CAÏD. L'alcool ça peut nous faire perdre la tête. On sait plus ce qu'on a fait. Mais après, on oublie. J'vais aussi te faire connaître les femmes. Plein de femmes.

SANDRO. 21 125 livres de tomates.

LE CAÏD. Quand on va être à Londres, on va aller se balader dans Hyde Park. On dit que c'est très beau Hyde Park. (*Hyacinthe les rejoint.*) Bonjour, James. (*Montrant sa biographie.*) Tout ça, c'est ma vie ! Tout ça, c'est beau, c'est fort, c'est grand. Là-dedans, je suis quelqu'un de bien. Il nous a écrit une fin heureuse. (*Lisant.*) Quelques jours après leur arrivée à Londres, le Caïd et ses fils, étrennant leurs nouvelles identités, assistèrent au défilé du couronnement. Ensuite, on les vit au gala du Commonwealth où Marguerite Gendron joua un Chopin empreint d'une grande douleur. Quelques mois plus tard, Hyacinthe se maria a une jolie Irlandaise. Sandro devint militaire.

HYACINTHE. Fin heureuse.

LE CAÏD, *lisant.* Le règne d'Élisabeth II en fut un prospère et les Canadiens français lui restèrent fidèles. Fin. «What is your name ? » James ! What is your name ?

HYACINTHE. My name is Mister James Peacock and I live in Gloucester.

LE CAÏD. Martin ?

SANDRO. My name is Martin and I live in Gloucester, England.

LE CAÏD. Now, Martin give me my passeport. Donne-moi mon passeport.

Le Caïd sort les deux alouettes mortes des poches de Sandro.

LE CAÏD. C'est quoi, ça ?

SANDRO. Des alouettes. (*Temps.*) Il est mort.

LE CAÏD. Qui ça?

HYACINTHE. Le diplomate!

LE CAÏD. Qu'est-ce qui s'est passé?

SANDRO. Il est tombé dans l'océan.

LE CAÏD. Mon passeport, Sandro.

SANDRO. Il a dit qu'il avait quelque chose pour toi dans la poche de son veston mais il n'a pas eu le temps me le donner.

HYACINTHE. Il a pas eu le temps.

SANDRO. 1 429 caisses de pommes, d'oranges et de fruits divers. 97 720 livres de farines. 36 000 livres de sucre. 13 860 livres de lait en poudre...

Corne de brume.

LE BIOGRAPHE, *lisant.* Cher lecteur. Comment par une aussi modeste biographie vous racontez la vie d'un homme dont la carrière fut aussi exceptionnelle que celle du Caïd des caïds? Sa naissance, à elle seule, fut un événement historique alors qu'une éclipse salua sa venue au monde...

La corne de brume enterre sa voix.

FIN

Montréal, 17 octobre 1995.

CET OUVRAGE
A ÉTÉ COMPOSÉ PAR MÉGATEXTE, MONTRÉAL

ACHEVÉ D'IMPRIMER
EN OCTOBRE 1995
SUR LES PRESSES DE L'IMPRIMERIE AGMV

CAP-SAINT-IGNACE (QUÉBEC)

POUR LE COMPTE
DE LEMÉAC ÉDITEUR

DÉPÔT LÉGAL
1re ÉDITION : 4e TRIMESTRE 1995
(ÉD. 01/IMP. 01)